Ex-Libris
du Cabinet
d'un Vieux Bibliophile

SC/E/H/9123) 250F

LE
DUC DE GUISE
A NAPLES.

[Comte Amédée de Pastoret]

IMPRIMERIE DE JULES DIDOT AÎNÉ,
Rue du Pont-de-Lodi, n° 6.

LE
DUC DE GUISE
A NAPLES
OU
MÉMOIRES
SUR
Les Révolutions de ce Royaume
EN 1647 ET 1648.

A PARIS,

CHEZ LADVOCAT, LIBRAIRE

DE S. A. R. MGR LE DUC DE CHARTRES,

PALAIS-ROYAL.

M DCCC XXV.

LE DUC DE GUISE
A NAPLES.

CHAPITRE I.

Introduction.

Nous entreprenons ici d'écrire les mémoires d'une révolution qui tint l'Europe attentive, et qui demeure aujourd'hui complètement oubliée; révolution que Richelieu desira long-temps sans pouvoir la faire naître, et qui s'offrit à Mazarin sans qu'il sût en profiter. Nous voudrions, surtout, rappeler au souvenir les actions et les malheurs d'un homme qui, noble héritier de la plus grande maison qui fût alors en France, se créa, dans un pays en révolution, un parti, des serviteurs, une puissance, et tomba presque au moment où il sembloit toucher à la monarchie : fidèle, en ce point, à la destinée des Guise, brave et plein de grace comme eux, mais bien plus oublié que ses pères, et digne cependant d'avoir part à leur gloire.

Un peuple se soulève contre les fermiers des impôts, et proclame son indépendance en même temps que sa soumission à son prince. Aussitôt les ministres qui le gouvernoient, et le vice-roi qui les dirige, se mettent à l'abri de ses coups. Ce peuple avoit un chef, et l'assassine parcequ'il étoit tiré de son sein : c'est le premier âge de la révolution ; elle est populaire, sanglante, sans but et sans pitié. Un autre chef se présente qui feint d'être appelé par le peuple lui-même : il le dit, et on le croit; mais ce chef est étranger, il est prince, il veut établir une hiérarchie, de l'obéissance et des lois : c'est la révolution à son second période; elle est incertaine, dépourvue d'illusions, personnelle au lieu d'être populaire. L'homme qui a voulu profiter de la révolution, et la révolution qui a cru s'appuyer sur l'homme tombent à-la-fois, et la dernière de ces terribles scènes se passe au fond d'un cachot, non loin d'un échafaud tout dressé. Deux hommes ont paru dans ces événements singuliers : l'un, emporté par sa violence; l'autre, guidé par un amour qui le jette au milieu du danger : l'un, révolutionnaire; l'autre, conquérant; le premier, tirant toute sa puissance des autres; le second, ne trouvant rien qu'en lui-même; celui-ci, guidé par un instinct supérieur; celui-là, par la force de son amour et par la durée de sa volonté; puis, au bout de six mois, l'un est dans la tombe, et l'autre est dans les fers.

Nous allons tenter d'écrire les mémoires de cette révolution si rapide, et qui put être si dangereuse. Trop d'intérêts reportent au midi de l'Italie les regards de la France, pour que les événements de l'histoire de Naples nous demeurent étrangers. Et d'ailleurs, c'est partout ici de la France, de sa politique, de ses enfants qu'il s'agira: c'est presque un fragment de notre histoire que nous essayons de raconter, et, depuis sept cents ans, Naples, à qui nous devons aujourd'hui notre espérance, nous a dû ses rois, ses bannières et sa gloire.

CHAPITRE II.

Situation politique de Naples.

Naples et ses provinces avoient cessé d'appartenir à l'empire des Césars dès que les grands comtes, qui les gouvernoient, avoient vu paroître les Sarrasins sur leurs rivages. Les Sarrasins, maîtres de la Sicile, comptoient déjà la grande Grèce au nombre de leurs conquêtes. Quelques pélerins normands furent jetés à Salerne qu'ils délivrèrent[1]; quelques chevaliers de Neustrie vinrent après ces pélerins; les Sarrasins furent vaincus; l'étendard du croissant tomba devant Naples et devant Palerme. Robert Guiscard et Roger étoient venus jeunes, pauvres, *l'escarcelle vuide*, et l'épée hors du fourreau. Quand la mort arriva pour eux, la fatigue et les travaux avoient usé leur vie, leur épée étoit rentrée dans le four-

---

[1] Blasio, Series princip. Salernit, p. 82 et suiv. — Leo Ostiensis, chronic. mont. Cassini, ch. xxxvii.

CHAPITRE II.

reau, Robert Guiscard étoit duc de Naples et de Calabre, et Roger grand comte de Sicile[1]. Leur fils fut roi : deux papes lui mirent la couronne sur la tête, et la monarchie de Naples fût fondée par un François[2]. C'étoit le temps où un François créoit et le Portugal et son royaume, où un François prenoit aux pieds du saint-sépulcre la couronne de Jérusalem, où un François encore donnoit à l'Angleterre ses lois, sa langue et sa monarchie[3] : c'étoit au onzième siècle.

Mais les fils de Tancrède de Hauteville avoient fait alors ce que firent, quatre cents ans plus tard, les conquérants de l'Inde, des Canaries, de l'Amérique même. Nés dans une condition privée, ils prirent les couleurs et réclamèrent le patronage d'un prince assez puissant pour qu'on ne lui disputât point leurs conquêtes. Le pape étoit, parmi les princes légitimes, le plus voisin des provinces Napolitaines; il étoit le chef de la religion au nom de laquelle on avoit combattu. Roger, qui se disoit le bouclier et le défenseur de la foi[4], re-

---

[1] Guillem. Appul. de Nortmannis, ch. II, III, IV. — Gaufrid. Malaterra, de gestis Robert. Guiscardi et Rogerii.

[2] Hist. du XV° siècle. Mss. liv. XI, ch. II.

[3] Hist. du XV° siècle. Mss. liv. III, ch. I.

[4] Diplom. Rodgerii regis. Mss. de l'abbaye de la Cava, arc. gr.

connut le pape pour souverain, et lui remit les provinces Napolitaines, comme un général remettroit à son maître les conquêtes faites en son nom. Le pape érigea les provinces en fiefs, s'en réserva la suzeraineté, le droit de retour au cas d'extinction de la ligne directe, et conféra ce fief à Roger qui lui en rendit hommage. Le fils de Roger fut roi, nous l'avons dit; mais le royaume, il est nécessaire aussi de l'observer, n'étoit qu'un grand fief du saint-siège.

Un mariage appela les princes de la maison de Souabe à l'héritage de Roger, et le pape leur donna l'investiture. Ils régnèrent peu de temps. Frédéric Barberousse, étouffé par des meurtriers, laissa les peuples incertains entre Mainfroy, son fils naturel, son assassin peut-être, et Conradin, son petit-fils, dont l'audacieux Mainfroy usurpa la tutelle. Le pape seul devoit décider cette grande question féodale, puisqu'il s'agissoit d'une mouvance du saint-siège; il appela le frère de saint Louis, Charles d'Anjou, à la couronne déclarée vacante de Naples et de la Sicile. Charles d'Anjou vint à Naples : il vainquit Mainfroy, il fit périr Conradin. Le jeune prince, en mourant, légua ses droits à Pierre d'Arragon, et de là naquit la rivalité des maisons d'Espagne et de France. Il y avoit 115 ans que les princes de la famille de Souabe régnoient dans Naples, lorsque Conradin y monta sur l'échafaud. 170 années après, la maison de France vit la branche qui régnoit à Naples s'éteindre au milieu des intrigues, des révolutions et des fêtes. René d'Anjou, comte de Provence et duc de Lorraine, hérita des droits de sa famille, et les transmit à son neveu qui les légua bientôt à Louis XI, tandis que la maison d'Arragon régnoit paisiblement en Espagne et dans Naples; et la lutte, commencée au XIIIe siècle entre des princes de ces illustres familles, se renouvela au XVe siècle entre les rois eux-mêmes. Des guerres suivirent : Charles VIII conquit le royaume de Naples : Ferdinand II, son rival, le conserva. Le pape, embarrassé de ses propres droits, donnoit et retiroit tour-à-tour l'investiture. Un traité fut enfin conclu à Grenade en 1502[1], entre Ferdinand le Catholique d'Arragon et Louis XII. Les deux princes tenoient de leur naissance des droits que la force sembloit seule appelée à décider. Ils convinrent de conquérir en-

---

[1] Le 11 novembre.

semble le royaume de Naples que possédoit alors Frédéric, héritier légitime des princes d'Arragon, et de le partager ensuite dans une proportion convenue[1]. Ils s'en emparèrent en effet; mais, au moment du partage, Ferdinand trompa Louis XII, et voulut régner seul. La guerre se ralluma dès ce jour; mais, dès ce jour aussi, les Espagnols furent maîtres de Naples. Un vice-roi y remplaça les princes nationaux; un conseil, moitié Espagnol moitié Napolitain, les états-généraux de la nation; les étendards d'Espagne, ceux des seigneurs du royaume. L'Italie fut en feu, la France et l'Espagne en armes, la mer et la terre se couvrirent de vaisseaux et de soldats; et Naples, Espagnole de fait, mais Françoise de souvenirs, devint la cause, resta le but et se trouva quelquefois le théâtre de révolutions et de combats qui ont fini par nous assurer la victoire.

Toutefois, et lors même qu'ils s'emparoient à force de perfidie d'un royaume sur lequel le malheureux traité de Madrid (en 1511) leur donna ensuite quelques droits, les Espagnols sentirent qu'il falloit alléger à ces sujets nouveaux le poids de la

---

[1] Ferreras, T. 8, part. II, p. 201 et suiv.

CHAPITRE II. 9

domination sous laquelle ils alloient vivre. Les privilèges accordés à la ville de Naples par Ferdinand, par Frédéric, par Alphonse, furent confirmés[1] : deux Napolitains et un Sicilien furent appelés en Espagne à faire partie du conseil supérieur[2] : l'université fut rétablie[3] : les impôts, fixés en apparence d'une manière qui pouvoit sembler régulière[4]. *Le grand capitaine* Gonsalve, premier vice-roi des nouvelles conquêtes, honora la ville de Naples du nom de cité très fidèle[5] : le comte de Ripa-Corsa, son successeur, publia des réglements utiles sur les approvisionnements, et la vente des marchandises[6]. Mais le peuple de Naples ne pouvoit sitôt perdre la mémoire des rois qui avoient été à lui. Le château de l'Œuf, celui de Mergellina, l'église de Saint-Janvier, et le palais

---

[1] Privilegi è Capitoli concessi dalla casa d'Arragon alla citta di Napoli, fol. 1 à 40.

[2] Giannone, liv. XXX, ch. 11.

[3] Capitul. de Ferdinand du 30 septembre 1505. Privilegi è Capitol., fol. 53.

[4] Giraffi, Rivoluz. di Napoli, p. 5. — Liponari, relat. della rivoluz. popol., p. 4.

[5] Capitul. de Gonsalve de Cordoue du 27 mai 1504. Privil. è capit., fol. 39.

[6] Capitul. du comte de Ripa Corsa du 12 décemb. 1508. Privil. è capit., fol. 67 ét suiv.

qui s'éléve auprès du Pausilippe lui rappeloient sans cesse la magnificence d'Alphonse, la franchise et la prodigalité de René d'Anjou, la facile élégance, la grace, les amours même de Jeanne; et quand les pêcheurs ou les lazzarronis passoient, le front découvert et la tête haute, au pied du château neuf, devant la Darse, le long de la rue de Tolède, et qu'ils y voyoient des armes étrangères, un drapeau qui ne portoit point leurs couleurs, des soldats qui ne connoissoient point leurs familles et ne parloient point leur langue, ils murmuroient des mots entre-coupés, s'éloignoient avec un geste d'impatience, et, s'agenouillant à demi devant l'image de saint Janvier, leur protecteur, ne prioient pas pour des rois que saint Janvier n'avoit point vu naître.

 Charles-Quint devina le danger qu'il y a pour un prince à demeurer méconnu de ses peuples. Fils de Philippe, petit-fils de Maximilien, qui avoient dû, l'un et l'autre, leur incroyable fortune au charme de leur beauté, à la magie de leur éloquence, il espéra que Naples, s'il paroissoit dans ses murs, courroit avec transport au-devant de ses lois. Vous autres rois, disoit Montluc à Henri II, vous avez les bras si longs que

CHAPITRE II.

vous touchez par-tout où vous voulez atteindre [1]. Charles voulut arriver à l'affection de ses Napolitains : il parut au milieu d'eux avec une magnificence toute royale, il confirma leurs priviléges [2], il suivit leurs processions. Des fêtes signalèrent sa présence, un concours nombreux de princes, venus du nord de l'Italie, se réunit pour lui rendre hommage [3]. Quatre mois s'écoulèrent; mais, au bout de ces quatre mois, Charles, en partant pour Rome, salua les Napolitains d'un regard de vengeance, et les Napolitains poussèrent contre lui un cri de haine. Charles étoit venu dans Naples en souverain ; il en sortit en vice-roi, et ceux qu'il laissa pour gouverner après lui eurent moins d'autorité sans obtenir plus d'amour.

Les vice-rois de Naples n'étoient pas nommés alors pour un temps déterminé. Leur fonction étoit considérée quelquefois comme un moyen de s'enrichir ; leurs discussions avec le conseil supérieur de Madrid, avec l'ambassadeur d'Es-

---

[1] Mélanges d'une grande bibliothèque, tom. XXIX, p. 78.

[2] Capitul. de Charles V, du 8 janvier 1536 et suiv. Privileg. è capitol., fol. 99, v° et s.

[3] Lanuza, historias de Aragon y tiempos de Carlo Quinto, lib. IV, ch. VII, p. 349. — Giannone, lib. XXXII, ch. II, p. 80 et suiv.

pagne à Rome, diminuoient leur pouvoir; et, tandis qu'ils étoient contraints d'envoyer à l'Escurial une partie des revenus de leurs provinces, les ennemis infestoient leurs frontières dégarnies, les Turcs arboroient l'étendard du croissant sur les remparts chrétiens d'Otrante, et les insurrections éclatoient sur plusieurs parties du royaume. En 1547, Pierre de Tolède voulut établir l'inquisition, et Pierre de Tolède savoit ce que c'est que vouloir; mais à Naples le peuple est peuple bien plus que partout ailleurs. Il ne comprenoit pas bien ce que c'étoit que l'inquisition; mais un de ses orateurs compara les inquisiteurs à ces géants des vieilles traditions, dont les cent bras sont armés d'instruments de mort[1] : cette idée fit un soulèvement. Mazaniel ou Thomas Aniello, pêcheur des environs de Sorrente, jeune, pauvre, audacieux, se mit à la tête des pêcheurs et des Lazzarronis du port. Les Espagnols firent feu sur les insurgés qui s'emparèrent cependant du palais et des principales rues. On suspendit le vice-roi de ses fonctions, au nom de l'empereur dont il étoit le représentant; on désarma les troupes au

[1] Ubertus Folietta. Tumultus Neapolitanus, dans Grævius, Thesaur. Antiquitat. Italiæ, tom. I, 2ᵉ part. p. 908.

cri de vive à jamais l'empereur et la très fidèle ville de Naples; et l'on se mit en république, pour mieux conserver, disoit-on, les droits du souverain. Un prêtre, un noble et un marchand composoient alors le conseil de la ville très fidèle, et députoient, en son nom, des princes et des seigneurs vers le roi de France. Cette soumission armée dura trois mois; au bout de ce temps, l'empereur déclara qu'il n'avoit jamais pensé à établir l'inquisition, et qu'il pardonnoit à tout le monde. Le peuple s'écria de son côté qu'il n'avoit jamais pensé à manquer au respect dû à l'empereur; le vice-roi reprit ses fonctions, et fit pendre trente-six de ceux à qui l'on avoit accordé le pardon, et chacun cria : Vive l'empereur et la très fidèle ville de Naples [1].

Huit années après, la guerre s'émut entre le pape Paul V et le roi d'Espagne Philippe II. La France devoit toujours alors être l'alliée de ceux qui étoient ennemis de l'Espagne : elle mit une armée sur pied, et le roi Henri II en donna le commandement à *ce brave prince et hardi capi-*

---

[1] Giannone, liv. XXXII, ch. v, p. 122 et suiv. — Ubertus Folietta, p. 900 à 929.

taine de M. de Guise, François de Lorraine[1]. Or, cette armée, *il ne faut demander si elle étoit belle,* dit le bonhomme Brantôme, *car pour gendarmerie, cavalerie et infanterie, il ne s'en pouvoit trouver de plus belle, ni plus délibérée, ni plus gâie à faire ce voyage, et surtout de bons chefs et capitaines*[2]. Le duc de Guise conduisit cette bonne armée *avec infinies incommodités jusques aux confins du royaume de Naples*[3]. Le duc d'Albe, qui gouvernoit alors ces provinces, fit des levées extraordinaires, fondit les cloches pour couler des fauconneaux, enleva l'argenterie des églises pour fabriquer de la monnaie, et se mit en état de défense[4]. Un traité conclu par le pontife termina cette guerre[5]. Philippe II s'accommoda ; le duc d'Albe s'enrichit : M. de Guise dont on soupçonnoit que *quand il auroit conquis, aux dépens du roi et de ses forces, le royaume de Naples, il s'en fairoit*

---

[1] Brantôme, Hist. des grands capitaines françois, tom. II, p. 189 et 198.

[2] Brantôme, Hist. des grands capitaines françois, tom. III, art. xx, p. 507.

[3] Mémoires du voyage de M. de Guyse en Itallye et son retour, Mss. de la biblioth. roy., fol. 51.

[4] Giannone, liv. XXXIII, ch. 1, p. 212 et suiv.— De Thou, liv. XVII.

[5] Mélanges d'une grande bibliothéque, tom. XXIX, p. 286.

couronner et instituer roi, et en fairoit la part au roi son maître [1], retourna gouverner sous le nom de son souverain. Quant au peuple de Naples, il se souvint que les Espagnols prenoient ses cloches et le trésor de ses églises, que les François étoient ennemis de l'Espagne, et que parmi les François il y avoit un grand prince qui s'appeloit M. de Guise.

[1] Brantôme, Hist. des grands capitaines françois, tom. II, discours 78, p. 215 et 216.

CHAPITRE III.

Commencements du XVIIᵉ siècle.

Cependant les Espagnols ne croyoient pas que la dette de la France envers eux fût acquittée. Les fils de Charles-Quint ne pouvoient oublier que François Iᵉʳ avoit disputé à leur père la couronne de l'empire, et cette rivalité, devenue une haine nationale, eût besoin de se satisfaire par de plus puissants effets. Les princes de la maison Espagnole régnoient alors sur toutes les frontières de la France; du haut des Pyrénées et des Alpes, des rives du Rhin, de celles de la Méditerranée, des émissaires se répandirent dans le royaume, y portèrent le fanatisme, y semèrent l'insurrection; la ligue se forma, les enseignes Espagnoles se mêlèrent aux étendards des François étonnés : ce furent là, selon Lesdiguières, les fruits de la foi Espagnole [1]. Mais le ciel a ses déterminations infail-

[1] Lesdiguières au roi Louis XIII. Lettre du 7 janvier 1618. Recueil Y, p. 154.

CHAPITRE III.

libles à la conservation des monarchies; il souffre parfois des menaces ou des atteintes, mais il n'exécute rien au gré des hommes [1]. Les jours d'Arques et d'Ivry firent raison de la révolution déja puissante; le parlement, en déclarant le pape Grégoire ennemi de la paix et de l'union catholique, l'accusa d'être adhérent à la conjuration Espagnole [2]; et le prince qui disoit à ses amis et à ses ennemis, J'ai Dieu pour protecteur, vous tous pour témoins et le ciel pour juge [3], prépara, pour satisfaire à l'honneur de la France, les moyens de renvoyer à ses ennemis d'au-delà des monts, tout ce qu'ils avoient armé contre lui de discordes et de guerres.

A ce grand roi succéda ce grand ministre *qui tira du cahos les règles de la monarchie, qui apprit à la France le secret de sa force, à l'Espagne celui de sa foiblesse, ôta à l'Allemagne ses chaînes, lui en donna de nouvelles, brisa tour-à-tour toutes les puissances, et destina Louis-le-Grand aux grandes*

---

[1] Le marquis de Brandebourg au duc de Guise. Lettre du 28 décembre 1615. Recueil U, p. 208.

[2] Arrêt du parlement de Paris séant à Tours, du 5 août 1591. Recueil P, p. 76.

[3] Henri IV au parlement, le 11 octobre 1585. Recueil D, p. 128.

choses qu'il fit depuis[1]. Le premier acte de Richelieu, quand il fut ministre, révéla à l'Espagne quel ennemi, à la France quel maître venoit de leur donner le connétable de Luynes. C'étoit en 1620. Le roi d'Espagne avoit depuis long-temps des projets sur la Valteline, dont il vouloit faire une route militaire pour arriver en Lombardie. La France avoit un intérêt égal à ce que le débouché des montagnes de ce côté ne fût pas entre les mains de ses ennemis naturels. Le maréchal de Lesdiguières étoit à Turin et avoit laissé quelques troupes sur le revers des Alpes. Le duc de Féria, gouverneur de Milan, faisoit de son côté marcher des soldats chez les Grisons[2], et l'ambassadeur d'Espagne, Mirabel, vint signifier à l'évêque de Luçon, nouveau secrétaire-d'état de la guerre, que le roi Philippe III, son maître, n'entendoit pas que la France s'entremît des affaires que les Grisons pouvoient avoir avec l'Espagne. Richelieu l'écouta d'abord; puis l'interrompant : Souffrez, dit-il, que j'expédie un courrier dont les dépêches sont pressantes. Il s'assit, écrivit sa lettre, la scella, la fit partir, et reve-

---

[1] Montesquieu, Disc. de récept. à l'acad. franc., p. 3.
[2] Mézeray, Abrégé chronolog., t. II, p. 278 et suiv.

nant ensuite vers Mirabel : Je viens, dit-il, d'annoncer au maréchal de Lesdiguières que le roi lui ordonne, au premier mouvement que feront vos troupes, d'entrer à main armée dans la Valteline et dans la Lombardie même; causons maintenant si vous voulez. Mirabel garda le silence, mais il sentit que les destinées de l'Espagne et de la France pouvoient changer.

Elles changèrent en effet. Richelieu profita de l'exemple que lui avoient laissé les ministres de Philippe II, et, dans l'espace de vingt années, il souleva les Pays-Bas, envahit la Savoie et la Franche-Comté, attaqua le Milanais, mit le trouble dans l'Empire, prépara la révolte de Naples, et couronna la délivrance du Portugal. On eût dit que l'esprit de Louis XI avoit passé dans Richelieu, et que Richelieu s'étoit chargé de réparer la faute de Louis XI.

Trois ministres gouvernoient alors l'Europe, Buckingham en Angleterre, Richelieu dans Paris, Olivarès en Espagne; et trois jeunes rois, braves, soupçonneux et foibles, tenoient, au nom de leurs ministres, ces trois sceptres sous lesquels l'Europe auroit dû trembler[1]. Buckingham des-

[1] Baptist. Nani, Istoria della republ. Veneta, tom. I, liv. V.

cendit le premier dans la tombe (en 1628); Olivarès et Richelieu restèrent comme en présence : l'un armant en France les huguenots contre les catholiques, les princes contre le roi, les seigneurs et la cour contre le favori[1]; l'autre soulevant la Flandre, délivrant le Portugal, et remuant l'Italie entière, afin, disoit-il, que Dieu reversât sur les Espagnols les maux qu'ils tâchoient de faire tomber sur les autres[2]. Une singulière destinée sembla réunir enfin ces deux hommes puissants parmi les hommes. Le cardinal mourut en 1642 : Olivarès fut exilé six semaines après, comme si l'on eût craint de l'employer encore quand il n'y avoit plus un ennemi digne de lui.

Mais, à cette époque, et depuis long-temps déja, l'or et les promesses de la France alloient chercher à Naples des partisans. Un peuple qui ne connoît pas ses rois, est plus facile à détacher de leur obéissance; des vice-rois à qui rien n'est refusé que la couronne, et qui n'estiment dès-lors que la couronne qui leur manque, sont aisés à détourner de leur devoir. Le duc d'Ossone en fut un

---

[1] Journal de M. le cardinal de Richelieu, p. 11, 67, 68, 176, 177, 192, 193 et suiv.

[2] Mémoires de Richelieu, liv. XXII, tom. VI, p. 474.

CHAPITRE III. 21

des premiers exemples. Il rêva, dans son palais de Castellamare, l'indépendance de ces beaux rivages où il croyoit entendre déjà son nom retentir; il couvrit la mer de vaisseaux dont les mâts portoient le pavillon de ses armes; il s'assura la noblesse; il traita secrètement avec Venise; il osa même un jour se placer la couronne sur la tête[1]; mais il y a, selon un vieil auteur[2], telles entreprises qu'il ne faut émouvoir ou qu'il ne faut abandonner : la résolution manqua au duc d'Ossone; il en coûta la tête à ses émissaires de Venise, à son fils toutes ses espérances, à lui sa vice-royauté[3]; il revint à Madrid, et laissa ceux qui lui succédèrent incertains entre leur ambition et leur devoir, entre l'Espagne qu'ils n'osoient affronter, et la France dont ils ne pouvoient se résoudre à perdre le secours : car, alors, tout ce qui au-delà des Alpes se rattachoit à la faction Françoise, travailloit à délivrer l'Italie du joug Espagnol. Balzac, dont la réputation étoit grande en Europe, écrivoit son

---

[1] Leti, Vie du duc d'Ossone, part. III, liv. I, tom. III, p. 39; et liv. II, tom. III, p. 287, 303, 307.

[2] Cardan.

[3] Leti, part. III, liv. III, t. III, p. 400 et suiv. — Giannone, l. XXXV, ch. IV, p. 436 et suiv. — Nani, liv. IV, tom. I, p. 202 et suiv.

livre du Prince où, comme autrefois Pétrarque, au temps de Charles IV [1], il excitoit les Italiens à un soulèvement qui devoit amener l'indépendance [2]. *Gonsalve et le duc d'Albe sont morts*, leur répétoit-il, *mais leurs conseils et leurs enseignements durent encore* [3]. *Ces Espagnols qui vous oppriment sont, bien plus véritablement que n'étoient les Romains, les brigands de toutes les terres et les pirates de toutes les mers* [4]; *venez donc, levez-vous à notre voix : ce n'est point Annibal qui descend des Alpes après un serment solennel de détruire l'Italie, c'est Pepin, c'est Charlemagne qui la veulent encore une fois délivrer* [5]. Naples et l'Italie toute entière n'entendoient que trop ces voix dangereuses. D'une part, on voyoit le roi d'Espagne, au moment de traiter de la paix, ordonner à ses négociateurs de tout admettre et de ne rien conclure [6]; de l'autre, on entendoit les ministres du roi de France criant sur tous les points de l'Italie que la guerre

[1] Pétrarque, Opera omnia, tom. I, p. 580 et suiv.
[2] Balzac, Le Prince, ch. XXX, tom. p. 422 et suiv.
[3] Balzac, ibid., ch. XXIX, p. 415.
[4] Balzac, ibid., ch. XXIX, p, 419.
[5] Balzac, ibid., ch. XXXII, p. 444.
[6] Lettres du ministre des aff. étrang. d'Espagne à Spinola en 1630. Mémoires de Richelieu, tom. VI, p. 264.

soutenue par la France n'avoit d'autre but que la liberté des peuples assujétis par la maison d'Autriche[1].

Et la France entretenoit pour lors des ministres auprès de la plupart des princes d'Italie. A Venise, à Turin, à Modène, à Parme, à Florence, à Gênes, elle avoit des résidents : elle avoit un délégué à Milan, un ambassadeur à Rome; une escadre Françoise croisoit dans ces mers; des officiers François commandoient les troupes du pape et les soldats de Modène; un grand nombre d'évêques, d'abbés, de princes, étoient pensionnaires du roi; à Rome, où étoit le centre des négociations et des intrigues, une foule de voyageurs se succédoient sans cesse, les cardinaux de la faction de France avoient chacun une mission distincte, l'ambassadeur dirigeoit, de concert avec eux, une multitude d'agents ou obscurs ou illustres, et chaque courrier apportoit à chacun des chargés d'affaires, les dépêches du roi, du premier ministre, du secrétaire d'état qui

---

[1] Dépêches du marquis de Fontenay à M. de Chavigny, du 20 février 1643. Négociat. manuscrites de M. de Fontenay, tom. II, fol. 93, v°. —Dépêc. mss. de l'abbé Bentivoglio au cardin. Mazar., du 1ᵉʳ mai 1646. — Instruct. du Roi à M. de Grémonville, du 20 juillet 1644. Mém. et négoc. de Saint-Nicolas, tom. I.

prévoyoient tous les cas, expliquoient toutes les difficultés, répondoient à toutes les questions; Bassompierre, Brezé, Schomberg, Guebriant, étoient devenus négociateurs. On voyoit bien que ce n'étoit plus le règne de Richelieu: c'étoit, disoit le cardinal de Retz, celui d'un homme qui se croyoit simplement plus habile [1]. C'étoit le début de Mazarin.

Les deux Siciles, écrivoit, dès 1643, à M. de Chavigny le marquis de Fontenay, *sont les meilleures Indes qu'ait le roi catholique*[2]; *il seroit bien à propos de songer au soulèvement de Messine, parceque cela donneroit une grande hardiesse au viceroi de Naples, s'il voyoit la Sicile révoltée et une armée de mer prête à le secourir*[3]. Ce bonhomme, M. de Fontenay, pour emprunter les expressions du cardinal de Retz, avoit de l'expérience, du bon sens, et l'intention droite et sincère pour l'état[4]. En conséquence, ce bonhomme manœuvra si bien avec les députés de Sicile, avec les jurats,

[1] Mémoires, liv. II, tom. I, p. 135.

[2] Dépêches mss. du marquis de Fontenay à M. de Chavigny, du 7 janvier 1643. Négociat., tom. II, fol. 62.

[3] Dépêches mss. du marquis de Fontenay, des 20 décembre 1642. Négociat., tom. II, fol. 51, et 24 janvier 1643, fol. 77, 78, 79.

[4] Mémoires, tom. III, p. 300.

avec les capitaines de navires [1], qu'une insurrection éclata enfin dans Messine, et que le vice-roi fut forcé de se réfugier à Palerme [2]. Pendant ce temps, on essayoit de décider le vice-roi de Naples à se rendre indépendant, on s'apprêtoit à lui donner des secours [3], et l'on traitoit avec la faction populaire qui vouloit un soulèvement [4]. Mais l'une et l'autre entreprise manquèrent, et ce fut désormais sur les seules dispositions du peuple de Naples que l'on put fonder quelque espoir pour les tentatives de ce genre. Mazarin n'étoit pas homme à renoncer ainsi à ses projets: il donna des instructions nouvelles, et les envoyés de France en Italie recommencèrent, l'un à préparer la reprise de Piombino et de Porto-Longone [5]; un autre à discuter avec les habitants de Messine l'é-

[1] Dépêches mss. du marquis de Fonten., du 20 févr. 1643. Négociat., tom. II, fol. 95, 96, 97 et suiv.

[2] Dépêches mss. du marquis de Fontenay, des 15 et 23 avril 1643. Négociat., tom. II, fol. 192 et 198.

[3] Dépêches mss. du marquis de Fontenay, du 2 novemb. 1642. Négociat., tom. II, fol. 6. — Id., du 10 décemb. 1642. Négociat., tom. II, fol. 41, 44. et suiv.

[4] Dépêches mss. du marquis de Fontenay, des 25 févr. et 13 mars 1643. Négoc., tom. II, fol. 102, 110, 114 et suiv.

[5] Dépêches mss. du marquis de Fontenay à M. de Chavigny, du 7 mai 1643, tom. II, fol. 212.

poque et les moyens d'un soulèvement nouveau[1]; pendant ce temps un chef d'escadre François longeoit l'Italie et cotoyoit la Sicile[2]; Grémonville partoit de Venise, chargé d'acquérir à la France la foi toujours chancelante du prince qui régnoit à Parme[3], et Saint-Chamont venoit à Rome examiner les moyens de rendre Naples indépendante[4].

Toutefois, si l'on considère quelle étoit pour lors la position des Espagnols en Italie, on s'étonnera moins de la multiplicité de ces intrigues, de l'activité prodigieuse de ces négociations. Le duc de Savoie, quoique allié de très près à la maison de France, nourrissoit contre elle un ressentiment né de ses défaites récentes, et se rattachoit au parti des Espagnols. le duc de Modène les favorisoit par crainte, le duc de Parme par inclination. A Florence, le grand duc leur étoit dévoué; Gènes étoit pour la France, mais Venise avoit quelque

---

[1] Dépêche mss. du marquis de Fontenay à M. de Chavigny, du 14 mai 1643, tom. II, fol. 220. — Id., du 20 mai 1643, fol. 222 et suiv. — Id., à la reine, du 18 novemb. 1643, fol. 517 et suiv. — Id., à M. de Brienne, du 10 décemb. 1643, fol. 550 et suiv. — Id., à la reine, du 15 janv. 1644, fol. 592 et suiv. — Id., à Mazarin, du 10 décemb. 1643, fol. 550 et suiv.

[2] Fontenay à la reine, dépêche mss., du 25 août 1643, fol. 291 et suiv.

[3] Instruct. du roi à M. de Gremonville, du 20 juillet 1644.

Négociat. mss. du marquis de Saint-Chamont, p. 5 et 6.

penchant pour le parti auquel l'empereur d'Allemagne étoit favorable. Le pape Urbain Barberini cherchoit, comme tous ses prédécesseurs, à maintenir son indépendance par une sorte d'impartialité qui, tour-à-tour, au gré de ses neveux, et suivant l'intérêt de ses créatures, fléchissoit d'un ou d'autre côté. Dominateurs politiques de l'Italie qui les redoutoit, les Espagnols voyoient les étendards de la famille de leurs rois flotter à Milan, dominer les Apennins, s'élever aux présides de Toscane, à Orbitello, à Porto-Longone, couvrir les châteaux de Naples et surmonter les tours de Messine. Cette puissance étoit trop grande pour la France; elle l'étoit trop pour l'Europe, car ce que la France redoute, l'Europe a toujours sujet de le craindre. Cette puissance, Richelieu l'eût détruite, Mazarin put la détruire. Il manqua au second quelques jours de désintéressement; il avoit manqué au premier quelques années de vie. Ce n'est pas la seule différence qu'il y ait entre ces deux hommes qu'on a si mal-à-propos assimilés l'un à l'autre.

Le pape mourut, le duc de Parme se détacha de l'Espagne, les Turcs débarquèrent non loin d'Otrante, et l'on apprit à Naples que le Portugal entier avoit enfin reconnu le roi qui l'arrachoit au joug de l'Espagne, et que, sous les murs de Thionville, et dans les champs de Rocroy, M. le duc d'Enghien avoit

Couché sur les débris des lances espagnoles [1].

[1] Boileau, satire X, vers 389.

CHAPITRE IV.

Henry de Lorraine, duc de Guise.

C'étoit le temps de la bonne régence,
Temps où régnoit une heureuse abondance,
Temps où la ville aussi bien que la cour
Ne respiroient que les jeux et l'amour [1].

Richelieu étoit descendu dans la tombe sans avoir le temps de construire l'édifice dont il avoit préparé la place. Son maître l'avoit suivi promptement, comme s'il eût trouvé trop lourd le double fardeau de la couronne et de la vie. Sur le trône de l'un, on voyoit une femme peu spirituelle, mais agréable, peu sensible, mais sage, obstinée au lieu d'être ferme, aisée à troubler, facile à aigrir, qui naguère abandonnée par son époux et tourmentée par son ministre, se croyoit alors en droit de choisir un ministre, et même de s'en pas-

---

[1] Saint-Évremont, Épître à Ninon de l'Enclos.

ser, si on lui en donnoit le courage. En la place de l'autre, se glissoit un successeur *doux et benin, qui ne vouloit rien, qui étoit au désespoir que sa dignité de cardinal ne lui eût pas permis de s'humilier autant qu'il l'eût souhaité*[1], passionné serviteur de tout ce qui avoit affaire à lui, entrant sans bruit, s'exprimant doucement, écrivant sans cesse, parlant à qui vouloit l'entendre des vertus de la reine, des misères de l'état, de sa propre insuffisance, et *qui se trouva sur la tête de tout le monde dans le temps que tout le monde croyoit l'avoir à ses côtés*[2]. Entre ces deux personnes la cour offroit un spectacle tout nouveau; on échappoit également à la tristesse de Louis XIII et à la sévérité de Richelieu, et chacun alloit, venoit, s'agitoit comme pour s'assurer qu'il n'y avoit plus ni censeur ni maître. Tout se régissoit par cabale[3] se demandoit par caprice, et s'accordoit par laisser aller; la reine et le ministre étoient, en quelque sorte, du nombre des captifs délivrés, et ils faisoient part de leur fortune à ceux qui avoient partagé leur misère. On eût dit ces chevaliers et ces dames enfermés dans la tour des

---

[1] Retz, Mém., liv. II, tom. I, p. 95.
[2] Ibid., p. 37.
[3] Gourville, Mémoires, tom. I, p. 201.

CHAPITRE IV.

vieux enchanteurs, qui, la prison ouverte, dansoient et faisoient l'amour à la vue de la tour écroulée.

Au milieu de ce bruit, quelques princes, qui s'étoient retrouvés princes trop tôt, voulurent lever la tête et furent arrêtés par ordre de la reine. Les Espagnols, toujours attentifs à ce qui pouvoit troubler la France, jetèrent au travers de la cour leurs émissaires et leurs intrigues. La position des personnes changea, mais non le caractère des esprits et des temps. On conspiroit, on chantoit, on se battoit, sans haine, sans colère, et seulement parcequ'il falloit être d'un parti ou d'un autre. Les enfants de ceux qui avoient fait la ligue croyoient qu'ils alloient la recommencer ; et comme ils ne la connoissoient plus que par des récits, ils n'y voyoient que de grands coups d'épée, des défis et des femmes. La guerre civile étoit un tournoi pour eux. La duchesse de Chevreuse, madame de Montbazon, Anne de Gonzague, tournoient la tête aux chefs des partis et du combat; Ninon et Marion de Lorme donnoient des écharpes aux jeunes officiers. On changeoit d'avis, de couleurs, de maîtresses, mais non d'amis ni de courage ; on se battoit en duel pour attendre la guerre ;

on conspiroit au cabaret, on réformoit l'état à la place Royale; les vainqueurs faisoient des épigrammes, les vaincus des chansons, le ministre des ducs, les courtisans des complots; et l'on se moquoit à-la-fois des épigrammes, des complots, des ducs, du ministre et de M. Piètre Mazarin [1].

Il y avoit alors à la cour une douzaine d'hommes ou de femmes dont le plus tranquille eût suffi pour bouleverser un état paisible. Madame de Chevreuse étincelante d'esprit, admirable de pénétration, ne connoissant de devoir que l'amour, et de passe-temps que l'ambition; madame de Montbazon, de peu d'esprit, mais belle d'une beauté altière, sans foi en amour, sans scrupule en affaires, la personne du monde, a dit le plus grand peintre de ce temps [2], qui avoit conservé dans le vice le moins de respect pour la vertu; la future Palatine Anne de Gonzague, pleine de pénétration, d'esprit et de mouvement, fidèle dans ses affections, franche avec ses amants, franche avec ses ennemis, dont le génie se trouva propre

---

[1] Mémoires du chevalier de Grammont, ch. v, p. 98 et 99.
[2] Retz, Mém., liv. II, tom. I, p. 301 et 302.

également aux divertissements et aux affaires[1]; madame de Longueville, charmante, blonde, languissante, qui vouloit être gouvernée par quelqu'un afin de savoir comment gouverner les autres, qui avoit tant d'esprit pour elle seule, et tant de charmes pour le monde; M. de La Rochefoucault, son amant, pour qui une maîtresse étoit, comme un roi, un souverain nécessaire; le coadjuteur de Paris, qui pensa être un autre Richelieu, et ne put être tout-à-fait un autre Mazarin; le duc d'Enghien, homme de tant de génie, et d'une seule espèce de génie; M. de Turenne, à qui toutes les vertus étoient faciles, hormis le courage, quand il n'étoit pas sur un champ de bataille; le duc de Beaufort, fanfaron de bonne foi, populaire en projets, en amour, en paroles, petit-fils de Henri IV, et qui s'étoit fait le Henri IV des halles; le duc de Longueville qui ne put jamais avoir assez d'esprit pour son caractère, et le duc d'Orléans qui ne put jamais avoir assez de caractère pour son esprit; M. le prince de Conti, M. le duc d'Elbœuf, le jeune Henry de Guise nouvellement revenu de l'armée impériale; et, dans des rangs

---

[1] Bossuet, Oraison funèbre de la princesse Palatine.

moins élevés, Montrésor chevalier errant de complots et d'intrigues, qui ne se pouvoit empêcher de parler de soi[1]; Matha, que le chevalier de Grammont a rendu si naïvement célèbre; Noirmoutiers, que Mazarin prenoit à témoin de sa franchise[2]; Charles Léon de Fiesque, dont le nom rappeloit tant d'inutile gloire; le maréchal de Lamothe, le vieux Bassompierre, tous ces hommes que nous croyons connoître, toutes ces femmes dont nous regrettons l'esprit, le mouvement, et la grace noble et facile.

Parmi ce monde de héros, de coquettes et de gens d'esprit, reparoissoit, depuis peu de temps, un homme jeune, agréable, spirituel, bien fait de sa personne, condamné naguères à mort, et qui revenoit, sans même y penser, dans une cour où les plus coupables rentroient en grace dès qu'ils le vouloient[3], qui portoit à la cour et à la ville tour-à-tour, son grand air, son grand nom, ses romanesques amours, et son apparence de paladin des vieux âges[4]. C'étoit Henry de Lorraine, duc de

[1] Montrésor, Mém., t. I, p. 127.

[2] Mazarin à Noirmoutiers, lettre du 2 décembre 1654. Mémoires mss. du règne de Louis XIV, tom. II, p. 112.

[3] Mémoires du chevalier de Grammont, ch. v, p. 78.

[4] Motteville, tom. I, p. 547.

CHAPITRE IV.

Guise, alors le dernier rejeton de ces princes Lorrains qui avoient pensé un moment revendiquer la couronne de Charlemagne; brave comme eux, comme eux éloquent, magnifique, et, comme eux, de si bonne mine que les autres princes paroissoient peuple à leurs côtés [1].

Henry de Lorraine, né le 4 avril 1614, étoit le troisième fils de Charles de Lorraine et de Henriette Catherine de Joyeuse. Son père qui, jeune encore, avoit perdu la plus grande chance de fortune où un sujet eût eu la pensée de prétendre, avoit fini par faire (en 1595) sa soumission [2] sans inspirer une grande confiance [3], et, repoussé, après d'assez longs services [4], par le cardinal de Richelieu qui lui avoit enlevé sa charge d'amiral [5], avoit été mourir en Toscane [6], loin de cette France dont la soumission avoit pu jadis lui être promise. Henry de Lorraine, né après trois frères, avoit été

---

[1] La maréchale de Retz citée par Balzac, tom. II, p. 433.

[2] L'Étoile, journal de Henry IV, tom. I, p. 79.

[3] L'Étoile, tom. II, p. 144.

[4] Mézeray, Hist. de la mère et du fils, tom. II, p. 148.

[5] Manifeste des princes de la paix, en 1641. Mémoires de Montrésor, tom. I, p. 283.

[6] Anselme, Histoire générale des grands officiers de la couronne, tom. III, p. 488.

destiné d'abord à l'état ecclésiastique. A un an, il avoit été pourvu des abbayes du Mont Saint-Michel, de Fécamp et de Pontoise; à sept ans il avoit reçu de ses oncles six autres abbayes[1]; il n'avoit pas douze ans qu'on lui donna celle de Saint-Denis; il entroit dans sa quinzième année quand on le promut au siége de Rheims[2]: il s'y trouvoit alors le cinquième archevêque de la maison de Lorraine[3]. Mais ses goûts ni ses habitudes ne le portoient vers l'église; l'impétuosité de son esprit, la hauteur de son caractère, son penchant pour les femmes, son goût pour les aventures, lui rendoient pesante cette mître d'or dont on auroit voulu charger sa tête. A Paris, à Rheims, dans tout le diocèse qu'il laissoit à des vicaires-généraux le soin de gouverner, on montroit son portrait en habits épiscopaux, des anges à ses côtés, les vertus théologales lui rendant hommage[4]; lui, au contraire, se faisoit peindre en habit de cour,

---

[1] État des bénéfices de M. de Guise, et de la collation qu'en a faite le roi, en 1641. Montrésor, tom. II, p. 350.

[2] Gallia Christiana, tom. IX, p. 160. — Hist. de l'égl. de Rheims, tom. II.

[3] Gallia Christiana, tom. IX, p. 147 et suiv.

[4] Cabinet des estampes de la bibliot. du roi, vol. 4669, N. a. 21.

avec la fraise, le manteau, les crevés et la longue chevelure de cette époque. Ce n'est pas que l'exemple de ses prédécesseurs fût de nature à effrayer sa jeunesse. Le cardinal de Guise, archevêque de Rheims comme lui, avoit eu d'Aymerie de Lescherenne un fils reconnu publiquement sous le nom de prince de Phalzbourg [1]. Le cardinal de Lorraine, qui avoit précédé Henry sur le même siège, passoit pour avoir épousé Charlotte Des Essarts et pour en avoir eu des enfants [2]. Il y avoit plus encore : ce même cardinal de Lorraine s'étoit, un jour, pris de querelle avec le duc de Nevers, relativement au droit de collation d'un bénéfice [3] : le duc étoit vif, l'archevêque étoit haut et superbe ; il appela le duc de Nevers en duel afin de décider du droit de collation, et le roi fut obligé de les envoyer à la bastille pour arrêter ce singulier jugement de Dieu [4]. De tels exemples eussent mieux convenu sans doute au jeune rejeton de la maison de Lorraine que les leçons sévères de Sully ou de Vincent de Paule ; mais son père, forcé de sortir

---

[1] Anselme, tom. III, p. 486.
[2] Gallia Christiana, tom. IX, p. 158.—Hist. de l'église de Rheims, t. II.
[3] Le Prieuré de la Charité sur Loire.
[4] Gallia Christiana, l. c., tom. IX, p. 158.

de France, l'emmena dans un pays où il ne trouvoit ni leçons ni devoirs de ce genre. D'Italie il passa dans l'Empire, et, laissant le pallium en des mains plus dignes de le porter, se jeta dans les armées allemandes. Richelieu en habit gris, le plumet rouge sur la tête, l'épée au côté, commandoit alors les siéges, et le chevalier de Grammont recevoit l'investiture d'une abbaye avec la tête blonde et frisée, une soutane, des bottes de couleur et des éperons d'or [1]; le jeune Guise tenoit de l'un et de l'autre; mais, quand il eut une épée dans les mains, il prouva qu'il tenoit sur-tout de ses aïeux.

Cependant le prince de Joinville, son frère aîné, étoit venu à mourir (en 1639). Henry de Lorraine avoit renoncé dans l'instant à l'archevêché qu'il connoissoit à peine, à l'église dont il craignoit les devoirs, et, changeant contre la pairie de sa famille la première pairie ecclésiastique du royaume [2], il étoit revenu précipitamment en France. Que de projets, que de desirs occupoient sa jeune imagination! Que d'exploits à faire et que d'amour à espérer! Henry de Lorraine

[1] Mémoires du chevalier de Grammont, ch. III, p. 13 et 14.
[2] Anselme, tom. III, p. 488. — Gallia Christiana, tom. IX, p. 160.

CHAPITRE IV.

étoit alors dans sa vingt-cinquième année. Il avoit de beaux yeux, le regard doux et fin, les sourcils inégalement arqués, le nez un peu long, la bouche ferme et modelée, le visage long, la taille assez belle; il n'avoit pas le regard d'aigle de M. le duc d'Enghien, qu'il rappeloit cependant au premier abord [1], mais un si grand air, tant de grace, un parler si séduisant, un esprit si chevaleresque et de si nobles manières! Le cardinal de Retz disoit en parlant de sa sœur: c'est une beauté de qualité, on n'est pas étonné de la trouver princesse [2]: à voir Henry de Lorraine, on eût été surpris qu'il ne fût pas prince. Ses premiers regards parcoururent et le cercle peu nombreux qui entouroit la reine, et celui où Richelieu, car c'étoit du temps que Richelieu régnoit encore, venoit quelquefois faire assaut d'esprit et de galanterie, et cette partie de la cour qui s'étoit réfugiée dans les murs de Paris. Il vit la sage et réservée mademoiselle de La Fayette, la froide madame d'Hautefort, la duchesse d'Aiguillon, madame de Chevreuse dans tout son éclat, madame de Montbazon prête à l'éclipser par un éclat plus grand: et les

---

[1] Cabinet des estampes de la bibliothèque royale, vol. 4669.
[2] Mémoires, liv. I, tom. I, p. 69.

filles du duc de Mantoue attirèrent d'abord son hommage. Marie, plus tendre, moins animée, plus belle peut-être, n'attendoit pas encore la couronne qui devoit la mettre un jour dans les bras d'un vieillard, et vivoit heureuse de l'amour de Cinq-Mars. Anne de Gonzague, sa sœur, vive, belle, sincère, aussi romanesque, aussi animée que M. de Guise, prenoit l'amour comme un ordre d'en haut, en aimoit les plaisirs, en embellissoit la galanterie[1]. Elle plut au duc de Guise, il le lui dit; il lui répéta qu'il l'aimoit, qu'il n'aimeroit qu'elle; et, en fait d'amour, disoit-il à la fin de sa vie, quand il avoit, même à tort, avancé trois fois la même chose, il finissoit par la croire lui-même[2]. Anne de Gonzague le crut aussi, car elle avoit envie qu'il fût sincère. Leur union fut bruyante, censurée, heureuse toutefois. Mademoiselle prétendoit qu'ils faisoient l'amour comme dans les romans[3]. Mais Henry s'étoit lié avec le comte de Soissons, il partageoit ses projets, il partagea sa disgrâce (en 1641). Le comte de Soissons prit la

[1] Retz, Mém., liv. II, tom. I, p. 301.
[2] Amelot de la Houssaye, Mém. histor., tom. III, p. 345.
[3] Montpensier, Mém., tom. I, p. 207.

CHAPITRE IV. 41

fuite, Guise se jeta dans Sédan [1], et la princesse de Mantoue, quittant à la hâte Nevers qu'elle habitoit, courut sur les traces de son amant malheureux. Des émissaires l'arrêtèrent, on voulut la ramener au cardinal : Laissez qu'elle s'en aille, dit Richelieu; M. de Guise a de bons bénéfices et qui me reviendront s'il l'épouse [2]. Il eût dit vrai peut-être; mais le destin ne voulut point réunir les deux amants; M. de Guise étoit en Flandres : il avoit demandé du service à l'empereur qui lui avoit donné le commandement d'une partie de son armée [3]; et, pendant ce temps, Anne de Gonzague, confiante comme toutes les personnes vraies, avoit quitté les habits d'homme sous lesquels s'étoit achevé son voyage, se faisoit appeler madame de Guise, signoit ses lettres de ce nom, disoit mon mari en parlant de celui qu'elle aimoit, et attendoit de lui seul l'ordre et le moyen de le rejoindre [4]. Un double bruit vint tout-à-coup frapper son oreille

[1] Déclaration du roi contre MM. le comte de Soissons, les ducs de Guise et de Bouillon, du 8 juin 1641. Montrésor, tom. I, p. 365. et suiv. — Manifeste des princes de la paix, ibid., p. 373 et suiv.

[2] Anquetil, Intrigue du cabinet, tom. III, p. 70; note A.

[3] Notice au bas d'un portrait de 1663. (Cab. des estam. de la bibl. roy.)

[4] Montpensier, Mém., tom. I, p. 207.

et son cœur. On lui dit que le duc de Guise, général d'une armée Espagnole, serviteur de ces mêmes ennemis qu'il devoit si heureusement combattre un jour, étoit déclaré coupable de léze-majesté, et condamné à perdre la tête[1] en France; et elle sentit avec joie, qu'au milieu de tant de revers, sa présence consoleroit celui à qui elle avoit tout donné. On lui dit aussi, ou plutôt, une de ces vagues rumeurs qui ne trompent jamais ceux qui souffrent, lui apprit malgré elle que Henry de Lorraine en aimoit une autre; et sur-le-champ elle repartit pour la France. Elle revint à Paris sans embarras parcequ'elle avoit été sans feinte : elle n'afficha point son indifférence, mais son indignation; elle ne se plaignit point, mais on dit que c'est parcequ'elle dédaignoit de se plaindre. Peu après Marie sa sœur vit monter Cinq-Mars à l'échafaud; et bientôt Anne tâcha de ne plus penser qu'à la douleur de Marie.

Pendant ce temps, M. de Guise en épousoit une autre (le 11 novembre 1641). Honorine de Glimes, fille du comte de Glimberghe et veuve

[1] Arrêt de mort donné par contumace en parlement contre le duc de Guise, le 6 septembre 1641, exécuté le 11 du même mois. Montrésor, tom. 2, p. 337 et suiv.

CHAPITRE IV. 43

du comte de Bossu avoit enchaîné sa facile tendresse ¹. Il l'aima tant qu'il put, à la façon de son oncle Bassompierre, et peut-être comme le coadjuteur aimoit alors madame de Guémené, *pour charmer par là le chagrin que sa situation mettoit au fond de son ame* ². Il n'est resté aucune trace de la comtesse de Bossu : on ne sait d'elle que son amour, son erreur et ses regrets : c'est l'histoire de plus d'une femme, et ce n'étoit sans doute pas à elle qu'il étoit réservé de faire subir à Henry de Lorraine le châtiment d'un véritable amour. M. de Guise passa près de deux années en Flandres, soupirant après la France, impatient de son exil, regrettant sa jeunesse, ses espérances, les drapeaux qu'avoient honorés ses pères³. Enfin, et en 1643, Louis XIII et Richelieu moururent. Deux mois après, le duc de Guise conclut sa paix avec la Reine⁴, s'échappa de Bruxelles, franchit la frontière, et reparut avec tout l'éclat de ses aventures;

---

¹ Anselme, tom. III, p. 488.
² Retz, Mém., tom. I, p. 25 et 26.
³ Motteville, tom. I, p. 207.
⁴ Abolition du 3 septembre 1644 donnée en faveur de M. le duc de Guise pour avoir traité avec les ennemis de l'État. Montrésor, tom. II, p. 380 et suiv.

de son absence et de son nom, au milieu d'une cour avide de tous les genres de renommée.

C'étoit déja quelque chose d'assez curieux peut-être que le petit-fils du grand Guise, redevenu paisible serviteur du roi de France. On diroit qu'il y a des noms et des existences tellement faites pour la révolte que leur soumission a mauvaise grace; mais, à la cour d'Anne d'Autriche, ni les autres ni lui ne s'occupèrent de ce qu'il auroit été : on ne songea qu'à ce qu'il pouvoit être, et la belle madame de Montbazon chercha d'abord à l'engager sous sa loi. Elle avoit alors trente-deux ans. Elle étoit belle, altière, peu spirituelle, mais de grandes façons, de beaucoup d'apparence, d'un éclat prodigieux en tout. Henry de Lorraine aima en elle ce qu'il aimoit comme elle, et se rangea dans le parti opposé à madame de Longueville et à M. le prince. A la vérité M. de Beaufort étoit bien un peu des amis de madame de Montbazon: il passoit même pour en être bien traité; mais M. de Beaufort que l'on aimoit et que l'on chansonnoit, qui vouloit être premier ministre, et que le coadjuteur *montoit comme une pendule*[1], *ne touchoit pas le*

---

[1] Nemours, Mémoires, p. 44.

bout du doigt à madame de Montbazon, et ne lui demandoit pour dernière faveur que de ne pas manger de viande le vendredi [1]. Sur ces entrefaites, et un soir que madame de Longueville sortoit de chez madame de Montbazon, des lettres d'amour furent trouvées dans le salon qu'elle venoit de quitter : elles étoient, on l'a su depuis, adressées par madame de Fouquerolle à M. de Maulevrier [2] : madame de Montbazon prétendit qu'elles étoient de madame de Longueville, et adressées au comte de Coligny. De grandes clameurs s'ensuivirent. La reine obligea madame de Montbazon à rétracter publiquement ce qu'elle avoit avancé : elle le fit, et madame de Longueville triomphoit. Mais Guise appela en duel le comte de Coligny, le blessa mortellement, et revint déposer aux pieds de madame de Montbazon sa vengeance et son amour [3]. C'étoit le chevalier combattant pour sa belle, et jamais, en ce siècle, il ne s'étoit trouvé de femme plus disposée à recevoir un tel hommage, ni d'homme plus heureux de le rendre.

[1] Retz, Mém., liv. III, tom. II, p. 101.
[2] Montpensier, Mémoires, tom. I, p. 63.
[3] Motteville, tom. I, p. 204 et suiv. — Montpensier, tom. I, p. 68. — Lachâtre, Mémoires, p. 64 et suiv. — Anquetil, Intrigue du cabinet, tom. III, p. 175 et suiv.

Rien au contraire n'étoit moins chevaleresque que M. le coadjuteur de Paris : il couroit le cerf, se battoit en duel avec sa vue basse, prêchoit à Saint-Jean en Grève, restauroit l'archevêché, se mêloit d'amour, et faisoit de l'amour, des duels et des sermons, un moyen d'ambition et de succès. Il imagina de disputer, comme archevêque, la préséance à M. de Guise [1]. Celui-ci n'étoit pas homme à perdre une si belle occasion d'échanger quelques bravades et quelques coups d'épée. Malheureusement pour tous deux la cabale des importants vint à tomber: le partage de ses dépouilles occupa le coadjuteur; madame de Montbazon fut exilée, et M. de Guise n'eut plus à qui offrir sa victoire. Il fallut donc attendre, faire sa cour à la reine, et prendre part aux fêtes, aux ballets, aux plaisirs de tout genre dont Mazarin tâchoit d'amuser la cour.

Les reines de France, en ce temps-là, n'avoient point de dames du palais. Une dame d'honneur et six filles d'honneur composoient toute leur maison. C'est à Catherine de Médicis que cette institution étoit due, et les mémoires du temps font foi de tout ce qu'elle avoit obtenu par le moyen de cette troupe brillante et souvent renou-

---

[1] Retz, Mémoires, liv. II, tom. I, p. 86.

CHAPITRE IV. 47

vellée. Anne d'Autriche avoit aussi des filles d'honneur. Mademoiselle de Guerchy, mademoiselle de Beaumont, mademoiselle de Saint-Mégrin, mademoiselle de Pons, étoient du nombre. La première, coquette, vive[1], mais garantie par sa coquetterie même d'une partie des dangers que sa coquetterie lui auroit fait courir; la seconde, calme, sérieuse, conduite et surveillée par la sage madame de Motteville, sa sœur[2]; mademoiselle de Saint-Mégrin, objet des feux et des soins du chevalier de Joyeuse, frère du duc de Guise[3]; mademoiselle de Pons, belle comme madame de Montbazon, impétueuse comme Anne de Gonzague, ne craignant que son amant, ne croyant qu'à son amour, et ne s'estimant pas trop payée d'une couronne s'il y avoit eu des couronnes à lui offrir. Mademoiselle de Pons étoit de la maison d'Albret, fille de Henri de Miossans et d'Anne de Pardailhan[4], la sixième de neuf enfants, à qui un grand nom ne pouvoit assurer une fortune suffisante, et parente, par

---

[1] Motteville, t. I, p. 440.
[2] Motteville, tom. 1, p. 224.
[3] Montpensier, tom. I, p. 79.
[4] Anselme, tom. VI, p. 220.

les femmes, de la duchesse d'Aiguillon qui l'avoit donnée à la reine[1]. Henry de Guise l'aima sans le savoir, le lui dit sans en avoir le dessein, se crut aimé, se trouva esclave, et, le trouble dans le cœur, l'imagination agitée, tour-à-tour jaloux et confiant, soumis et dominateur, finit par mettre à ses pieds sa fortune, son rang, sa pairie, sa liberté, qu'elle accepta comme si elle lui eût fait une grace, sans une grande émotion, et sans beaucoup de reconnaissance.

Mais de premiers liens, des liens qu'on regardoit comme indissolubles, attachoient le duc de Guise à la destinée d'une autre. La comtesse de Bossu avoit le droit de le croire, et Guise avoit presque le droit d'en douter; car ce ne pouvoit être tout-à-fait en vain que la princesse Anne de Gonzague eût pris jadis le titre de duchesse de Guise. Ces nœuds sacrés que forme le mariage entre deux personnes destinées à être toujours heureuses l'une par l'autre, ne paroissoient alors devoir résister ni aux passions des hommes ni à la puissance du saint-siége. Le chevalier de Rohan attestoit par sa naissance qu'on accordoit à l'amour je ne sais quelle place à côté des lois. Le

---

[1] Motteville, Mémoires, tom. II, p. 3.

premier prince du sang avoit pensé à se séparer de sa femme pour épouser mademoiselle du Vigean¹. Mademoiselle de Pons conçut la même espérance. Mademoiselle du Vigean, malgré sa fortune et ses alliances, n'étoit pas de meilleure maison qu'elle : mademoiselle de Pons ne pouvoit croire que mademoiselle du Vigean eût été ni aussi belle ni aussi aimée; elle songea que son amant étoit prince, qu'il ne vivoit que pour elle, et elle résolut d'être duchesse de Guise.

Un seul obstacle s'opposoit pour lors au succès de cette grande négociation. Henry de Lorraine faisoit une seconde campagne avec M. le duc d'Orléans, et sous les ordres de M. le prince de Condé. On avoit pris Courtray, on étoit entré dans Bergues, on vouloit prendre Mardyck. Les campagnes, dans ce temps, n'étoient pas bien longues, mais elles étoient dangereuses. Tout ce qui n'étoit pas employé à l'armée y alloit comme volontaire, et ces volontaires-là étoient par-tout. Ils avoient avec eux des violons, une cave, de l'argenterie; ils jouoient sous la tente, ils dansoient à la tranchée, et envoyoient des confitures aux dames assiégées; mais qu'une sortie eût lieu, que

¹ Nemours, Mémoires.

le camp fût attaqué, que les escadrons ennemis enlevassent les grand'gardes, ou ramenassent les éclaireurs, aussitôt un gros de cavaliers sortoit du camp à moitié habillé, couroit à toute bride au feu, attaquoit, l'épée ou le pistolet à la main, enfonçoit les régiments, forçoit les bataillons, et revenoit, réduit à moitié, portant ses blessés, se moquant de l'ennemi, également prêt à recommencer le bal ou le combat[1]. C'étoient les volontaires de l'armée. Le duc de Guise avoit été du nombre dans la campagne de 1644, et il avoit donné devant Gravelines de grandes preuves de valeur[2]. Il étoit volontaire aussi dans la campagne de 1645, et montroit la même ardeur et le même courage. Il revint pourtant, sans blessure, avec autant d'amour, avec plus de soumission, mais avec plus de jalousie encore[3]. Mademoiselle de Pons l'accueillit froidement d'abord; elle s'adoucit ensuite, car elle avoit besoin de lui; et, l'automne achevé, Henry de Lorraine partit pour Rome afin d'obtenir du pape Urbain VIII

---

[1] Vid. Bussy, Mém., tom. I, p. 115 et suiv. — Monglas., Mémoires, tom. II, p. 195 et suiv.

[2] Gazette de France, du 18 juillet 1634.

[3] Montpensier, Mémoires, tom. I, p. 79.

CHAPITRE IV.

sa liberté, son bonheur, ou plutôt le bonheur de celle qu'il aimoit, car jusques en soi c'est sa maîtresse qu'on aime. Il partit plein de regrets, d'amour et d'impatience. Gabrielle de Pons lui promit d'entrer en son absence aux filles de la Visitation [1], et lui dit adieu en songeant seulement qu'elle lui faisoit un sacrifice. Guise n'imaginoit pas même qu'il pût en faire un, et s'éloigna en répétant ce nom qui faisoit battre son cœur, en épiant un dernier regard qui ne se dirigea pas vers lui.

[1] Motteville, tom. I, p. 551.

CHAPITRE V.

Préliminaires de la révolution de Naples.

Mazarin, devenu plus libre, négocioit alors en France avec les princes, en Hollande avec les états, à Munster avec toutes les puissances d'Allemagne, en Angleterre avec les rebelles et le roi, en Italie avec les petits souverains dont il pouvoit espérer de changer les projets. Les négociations traînoient en longueur à Munster où les Espagnols faisoient de continuels efforts pour empêcher un accommodement qui leur eût mis toutes les forces de la France sur les bras[1], se terminoient en Hollande, devenoient inutiles en Angleterre. C'est sur l'Italie que se portoient tous les efforts de la guerre et de la politique.

Quelques événements considérables y étoient arrivés dans le cours des deux dernières années. Le duc de Parme, qui avoit semblé d'abord incli-

---

[1] Dépêche d'Abel Servien à l'abbé de Saint-Nicolas, du 3 mai 1646.

ner pour le parti François, s'en étoit toutefois séparé, et paraissoit, de longue main, disposé pour l'Espagne¹. Le duc de Modéne, au contraire, se montroit porté à abandonner les Espagnols qu'il avoit toujours servis pour se rattacher à la France². Gênes ouvroit ses ports aux flottes Françoises qui croisoient dans ces mers³. A Rome, les affaires s'étoient embrouillées chaque jour davantage; le marquis de Saint-Chamont, qu'on y avoit envoyé d'abord en place de M. de Fontenay, étoit haut et vain, convaincu qu'il devoit tout voir du premier coup d'œil, et tout changer au premier entretien⁴. M. de Grémonville, ministre à Venise, qu'on avoit fait passer à Rome, étoit plus calme et plus modeste, mais *avoit l'incommodité de croire aux belles paroles et aux larmes*⁵. On fut obligé de les rappeler tous deux; mais, dans l'intervalle de l'une à l'autre mission, le pape Urbain Barberini

---

¹ Dépêche de M. de Brienne à l'abbé de Saint-Nicolas, du 21 juillet 1646.

² Dépêche de l'abbé de Saint-Nicolas au cardinal Mazarin, du 16 février 1646.

³ Dépêche de M. de Brienne à l'abbé de Saint-Nicolas, du 4 mai 1646.

⁴ Négociations du marquis de Saint-Chamont à Rome. Mss. de la biblioth. royale.

⁵ Dépêche de M. de Lyonne à l'abbé de Saint-Nicolas, du 11 avril 1646.

étoit mort et les partis s'étoient trouvés en présence. La France vouloit éviter un pape de la faction d'Espagne; le vice-roi de Naples, ministre des intérêts Espagnols en Italie, fit avancer des troupes sur la frontière de l'état Romain[1], et menaça de venir avec ses soldats jusque dans Rome même[2]. Le conclave s'ouvrit, la faction Espagnole qui se réunit aux créatures du dernier pape eut l'avantage; le cardinal Pamphilio fut élu sous le nom d'Innocent X, et, dès ce moment, les rapports de la France avec Rome changèrent.

Les Espagnols prirent le dessus dans toutes les affaires pontificales. Le cardinal Panzirolo, l'un de leurs partisans, dont Mazarin avoit été le confident et étoit resté l'ennemi[3], devint secrétaire d'état: la famille Barberini fut poursuivie malgré la protection de la France: Mazarin qui demandoit un chapeau de cardinal pour son frère l'archevêque d'Aix, ne put l'obtenir; et, loin de chercher à le calmer, on donna publiquement asile à un homme qui avoit voulu l'assassiner. Mazarin ne

---

[1] Négoc. mss. du marquis de Saint-Chamont, p. 65.

[2] Négoc. mss. du marquis de Saint-Chamont, p. 5 et 6.

[3] Retz, Mémoires, liv. III, tom. II, p. 234. — Guise, Mémoires, liv. I, p. 9.

CHAPITRE V. 55

pouvoit rester inactif en de telles circonstances. Bientôt Henry Arnauld, abbé de Saint-Nicolas, frère du célébre Arnauld d'Andilly, fut choisi pour aller à Rome négocier, en apparence, le rétablissement de la famille Barberini, mais, en réalité, la promotion de l'archevêque d'Aix, et sur-tout la déclaration des princes de Modéne et de Parme en faveur de la France, et le soulèvement de Naples et de son royaume [1] contre l'Espagne. A peu de temps de là, une flotte Françoise, commandée par Urbain de Maillé, appareilla de Toulon, et vint détacher devant Civita-Vecchia, devant Gaëte et devant Naples, vingt galères destinées à encourager les partisans de la France dans ces provinces [2]; et le prince Thomas de Savoie s'approcha des Maremnes-de-Sienne avec une armée, où l'espoir du pillage de Rome attiroit de tous côtés des soldats [3]. Le temps étoit venu de suivre le conseil de M. le cardinal de Richelieu, et l'on pouvoit cesser de dissimuler avec les Espagnols [4]. De son côté le cabinet de Madrid avoit conçu de tardives

---

[1] Mémoires de messire Robert Arnauld d'Andilly, p. 70 et suiv.
[2] Dépêche de M. d'Argenson à l'abbé de Saint-Nicolas, du 21 mai 1646.
[3] Dépêche de M. de Brienne à l'abbé de Saint-Nicolas, du 27 avril 1646.
[4] Instruct. du roi à l'abbé de Saint-Nicolas, p. 170.

inquiétudes sur le sort de ses possessions d'Italie : les deux Siciles paroissoient enfin en danger. L'amirante de Castille, vice-roi de Naples, l'avoit senti, et venoit d'offrir sa démission qui fut acceptée. Je ne veux pas, disoit-il, en parlant de la possession des deux Siciles, que ce beau cristal se brise entre mes mains [1]. Don Rodrigue Ponce de Léon avoit été choisi pour le remplacer, et arriva dans Naples le 11 février 1646 [2]. Don Rodrigue Ponce de Léon, duc d'Arcos, avoit une haute naissance, une grande fortune, le courage comme sa fortune, le cœur comme sa naissance, plus d'intrépidité que d'esprit, plus de volonté que d'adresse. On lui avoit ordonné d'exiger la rentrée des impôts arriérés [3], d'envoyer des secours aux places de Toscane, et de surveiller les intrigues qui tourmentoient Naples et se rallioient aux mouvements de Sicile. Les places de Toscane furent délivrées un moment [4], mais elles retombèrent bientôt au pouvoir de l'armée Françoise, et le pape épouvanté de ce succès, songea enfin à conclure avec les François

---

[1] Giannone, liv. XXXVI, ch. vii, tom. IV, p. 490.
[2] Id., liv. XXXVII, ch. 1, p. 504.
[3] Vid. aux Éclaircissement, note 1.
[4] De Santis, liv. I, p. 13 et suiv.

CHAPITRE V.

l'accommodement qu'il retardoit depuis deux années, *d'après l'espérance que l'Espagne lui donnoit de les engloutir* [1]. Il resta au vice-roi, comme charges, des soldats à payer, trente galères [2] inutiles, des marchés à solder [3], des menées à combattre; et, comme ressources, un peuple dont il commençoit d'être haï [4], un royaume épuisé [5], des conseillers perfides, et, dans toutes les classes de la société, une disposition si générale au soulèvement, que les François avoient lieu de croire que s'ils se présentoient ils seroient bien reçus [6].

Il avoit fallu pourtant trouver le moyen de pourvoir aux dépenses courantes et aux dépenses imprévues. Le vice-roi avoit eu recours au conseil de la ville qui vota extraordinairement le don d'un million d'or, et laissa au vice-roi le soin de l'imposer à son gré; mais l'habitude étoit alors d'em-

---

[1] Dépêche du cardinal Mazarin à l'abbé de Saint-Nicolas, du 8 février 1647.

[2] Dépêche de l'abbé Saint-Nicolas au cardinal Mazarin, des 28 janvier 1647, et 25 février 1647.

[3] Dépêche de l'abbé de Saint-Nicolas au cardinal Mazarin, du 10 février 1647.

[4] Id., du 18 février 1647.

[5] Id., du 25 février 1647.

[6] Id., du 11 mars 1647.

prunter le capital de chaque don extraordinaire de cette nature, et d'affermer au prêteur, pour son remboursement, une branche du revenu public. On avoit trouvé le prêteur et le million; mais il falloit trouver un impôt dont on pût hypothéquer les produits au remboursement de cet emprunt nouveau [1], et il n'y en avoit aucun de libre : le royaume payoit déjà pour onze millions d'intérêts de ce genre [2]. André Naucler, élu du peuple, ouvrit enfin l'avis d'augmenter d'environ un carlin par livre l'impôt sur les fruits et sur les légumes, qui, étant cette année d'une extrême abondance, composoient la plus grande partie de la nourriture du peuple [3]. Le conseil supérieur adopta sa proposition. Une proclamation contenant le nouveau tarif fut imprimée et affichée dans la ville [4]; et lorsque Charles Brancaccio, qui l'avoit contresignée, vint cependant faire quelques remontrances sur les dangers qui pouvoient en résulter, on lui répondit trop légèrement peut-être : Ils paieront.

---

[1] De Santis, liv. I, p. 24 et suiv. — Nescip. Liponari, p. 5.
[2] Modéne, tom. 1, ch. IV, p. 31.
[3] De Santis, liv. I, p. 27. — Nicolaï, liv. I, p. 11 et 12.
[4] Istruzione del 3 gennaro 1647.

CHAPITRE V.

Mais il n'en est pas des Napolitains comme d'un autre peuple. Rien chez eux n'est pareil aux autres, pas plus le caractère qui les distingue que le soleil qui les échauffe, que le ciel qui les protége. C'est que chez eux tout est extérieur, les émotions comme les habitudes. Leurs sentiments sont des sensations, leur langage est dans leurs gestes. Un habit de toile, quelques fruits, et du soleil, composent tous leurs besoins. Des récits à demi chantés, les accords d'une guitare, la solennité des processions religieuses, composent tous leurs plaisirs. Mais aussi ne renchérissez pas les fruits qui les nourrissent, ne supprimez pas les processions qui les attirent, ne leur disputez ni leur oisiveté ni leur soleil. Les attaquer là, c'est précipiter au fond du Vésuve la pierre qui peut déterminer une éruption redoutable. en pareil cas tout leur devient passion, tout leur sert d'armes ou d'ennemis, et alors ils s'enivrent de cris et de sang, ils frappent au hasard, et seulement pour frapper, pour voir mourir. C'est la mer soulevée par un orage, brisant sur les rocs de la côte les rochers qui prétendoient dominer ses flots. Mais la mer s'apaise alors que les vents se détournent ou reposent dans les airs; et eux sont longs à s'apaiser parcequ'ils ne craignent ni ne desirent rien, qu'ils ne songent pas à la mort, et qu'il faut long-temps pour leur rendre leur insouciance habituelle, leur paisible sobriété, et leur dévotion populaire.

CHAPITRE VI.

Mazaniel.

Mai et juin 1647.

La proclamation pour la nouvelle taxe étoit conçue dans les termes les plus doux du monde. C'étoient les illustres députés des illustres places qui avoient accordé l'impôt, et la très fidèle cité de Naples qui devoit s'empresser de le payer; mais la très fidèle cité de Naples s'y montra mal disposée d'abord. Des murmures éclatèrent dans toute la ville, des placards séditieux furent affichés de côté et d'autre [1], des confesseurs vinrent avertir le cardinal Filomarino, archevêque de Naples, que plus d'un aveu révéloit une sédition prochaine [2]. De toutes parts se montroient les symptômes précurseurs d'un orage: ce n'étoient plus

---

[1] Rapports mss. à l'ambassadeur de France, des 14 mai et 18 juin 1647.

[2] Modène, liv. I, ch. IV, tom. I, p. 36.

ces éclats de voix, ces gestes, ces bruyantes expressions de la joie ou du bien-être qu'on avoit coutume de retrouver parmi le peuple; c'étoient des visages sombres, un mouvement qui étoit également éloigné de cette activité de quelques heures et de ce repos de toutes les autres, que l'on remarquoit naguères encore. Les Lazzaronis causoient au coin des rues au lieu de dormir sous les portiques; leur regard avoit perdu son indifférence; la vue des soldats Espagnols sembloit les offenser davantage. Un soir, c'étoit le 12 mai, un grand nombre d'entre eux étoient réunis vers le port, la soirée étoit calme, la mer paisible, on n'entendoit que le bruit des vagues qui venoient se briser contre le rivage: on n'apercevoit plus, au travers de la nuit, que la lumière de quelques pêcheurs qui passoient au loin, et de temps en temps, lorsque les barques s'en approchoient, la masse imposante de la galère capitane, mouillée dans le port, et prête à partir pour la Sicile. Au milieu de cette foule couchée, accroupie, agenouillée, dans toutes les postures, devant une image de saint Janvier qui étoit placée dans la guérite du môle, quelques matelots, arrivés de Sicile, racontoient,

CHAPITRE VI.

avec leur vivacité ordinaire, la révolution de Palerme, les peuples soulevés, un marchand de poisson faisant trembler le vice-roi dans son palais, les Espagnols forcés de se soumettre, et les impôts abolis; et, sur ces visages brûlés par la chaleur, dans ces yeux noirs, sur ces fronts mobiles, on eût pû lire tout ce qu'ils ne disoient pas encore. Tout d'un coup une lueur vive et rapide éclaira le ciel et la mer, une détonation semblable à celle du Vésuve se fit entendre: les pêcheurs se levèrent, les yeux tournés vers la montagne; c'étoit la galère capitane qui sautoit en l'air. Une trombe de flamme et de feu s'éleva, emportant une grêle de débris qu'elle précipita dans les eaux. Les cadavres retomboient de tous côtés, les mâts brisés, les armes, les agrès voloient en l'air, et une antenne destinée à porter l'étendard de la flotte, vint, au milieu de cette foule épouvantée, briser la statue de saint Janvier. Le bruit cessa, les flots se refermèrent, la nuit et la mer couvrirent cet épouvantable désastre, les eaux reprirent leur murmure, les cieux leur silence, la nuit son obscurité: un moment après, il ne resta plus sur le môle que la statue brisée, quelques matelots qui la regardoient avec effroi, et les pêcheurs qui écoutoient encore[1].

Il y avoit un mois à peine que, dans ces mêmes eaux, et près de ces mêmes rivages, le chevalier Paul et cinq vaisseaux François avoient été repoussés par les troupes Espagnoles[2]. L'épouvante qu'ils avoient mise dans Naples[3] avoit été de peu de durée, et la hardiesse des Espagnols s'étoit accrue de toute l'incertitude qu'ils avoient un moment éprouvée. Mais le peuple, comme réveillé par l'explosion de la capitane, commença de s'agiter assez pour leur donner des inquiétudes plus sérieuses. Les bureaux des collecteurs furent incendiés[4], les placards se multiplièrent. Il fallut, par prudence, défendre la procession solennelle en l'honneur de saint Jean-Baptiste, où tout le peuple se trouvoit chaque année (le 24 juin); renoncer à la cavalcade publique dans laquelle le vice-roi, accompagné de la noblesse, avoit cou-

---

[1] Giannone, liv. XXXVII, ch. 1, p. 509. — Nicolaï, liv. I, p. 12 et 13.

[2] Giannone, liv. XXXVII, ch. 1, p. 508.

[3] Dépêche de l'abbé de Saint-Nicolas au cardinal Mazarin, du 8 avril 1647.

[4] Giraffi, rivoluz. di Napoli, p. 7.

CHAPITRE VI. 65

tume de parcourir les rues le même jour¹. Bientôt
le duc d'Arcos, revenant de conduire à la campagne
le cardinal de Saint-Théodore et le cardinal de
Trivulze (29 juin), fut arrêté par la foule impatiente, poursuivi de ses cris, menacé de sa vengeance, et contraint de promettre qu'il feroit
examiner au conseil collatéral si l'impôt sur les
fruits ne pouvoit pas être supprimé². C'étoit trop
peu et trop tard. Le conseil fut d'avis de conserver
l'impôt. André Naucler, élu du peuple, et Juan
Ponce de Léon, visiteur du royaume, que les fermiers de la taxe avoient, dit-on, corrompus à prix
d'or, assurèrent qu'on pourroit le lever³. La perception fut continuée, et d'incroyables sévérités
furent mises en usage. Aucun allégement ne fut
accordé à quelque misère que ce fût. La femme
d'un jeune pêcheur d'Amalfi avoit caché, sous ses
habits, un sac rempli de farine, afin de le soustraire
au modique droit qu'elle ne pouvoit payer. A force
de recherches, on découvrit sa fraude, et d'abord
on la traîna en prison. Son mari désolé court

---

[1] De Santis, p. 37 et 38. — Giraffi, p. 7. — Modène, liv. I, ch. IV, tom. I, p. 38.

[2] Nicolaï, liv. I, p. 14 et 15.

[3] De Santis, p. 35 et suiv. — Modène, liv. I, ch. IV, tom. I, p. 39.

5

aux collecteurs de l'impôt, embrasse leurs genoux, s'écrie, pleure, demande grace et la demande en vain. Puissiez-vous donc l'implorer et l'obtenir un jour! dit-il en se relevant enfin. Il repartit, il alla vendre tout le peu qu'il possédoit, la barque où il avoit passé son enfance, les filets qui nourrissoient sa famille, le trépied de fer qui l'éclairoit sur les ondes pendant la nuit ou pendant l'orage, ses plombs, ses lignes, l'habit de fête réservé pour les solennités de la Vierge de septembre, et il vint apporter son argent et redemander sa femme : il n'avoit plus d'autre bien au monde. On la lui rendit; il la pressa contre son cœur, et lui promit une autre vengeance [1]. Tout pêcheur a l'ame patiente, si l'on en croit un ancien [2]. Ce pêcheur attendit patiemment l'occasion, et elle se présenta. Ce pêcheur étoit Mazaniel.

Mazaniel, ou plutôt Thomas Aniello d'Amalfi, étoit jeune, d'une taille médiocre, d'une figure expressive, les yeux noirs, les cheveux crépus, l'air robuste et un peu dur [3], indolent et soumis

---

[1] De Santis, liv. I, p. 35. — Modéne, liv. I, ch. II, tom. I, p. 168 et 169.

[2] Vitruve.

[3] Saint-Non. Voyag. pittor. de Naples et de Sicile, tom. I, p. 248.

CHAPITRE VI.

dans l'habitude de sa vie, grossier et violent dès qu'on l'en eut tiré, sans instruction, mais non sans finesse, facile à émouvoir, plus facile à irriter, plus cruel que méchant, plus insolent qu'orgueilleux, qui se jeta dans la révolution comme un soldat dans la mêlée, en sortit comme un prince, y périt comme un traître, véritable symbole du peuple, et dont on eût pu dire avec quelque raison que c'étoit un peuple qui s'étoit fait homme.

Huit jours composèrent la vie de ce héros d'une révolution vaincue. Son histoire, commencée le 7 juillet, étoit finie le 16, et, dans ces huit jours, il parcourut à-peu-près toutes les situations que peuvent offrir le monde et la fortune. Mais alors on n'étoit encore qu'au 3 juillet ; Mazaniel n'étoit qu'un pêcheur ignoré, et Jules Genuino, Cieco d'Arpaya, Gennaro Annese étoient, dans Naples, les véritables chefs dont la populace reconnût la voix. L'un, c'étoit Annese, misérable armurier, sans esprit, sans bravoure, avide, envieux, perfide, continuellement en inquiétude et en appréhension ; mais grand promoteur des plaintes populaires, qui parloit sans cesse de la liberté publique, accusoit les vice-rois et leurs cours, et s'étoit fait un mérite de la haine qu'on leur portoit[1]; l'autre, Cieco d'Arpaya, homme de loi de la plus basse espèce, oracle des portefaix et des matelots, nouvelliste sur la place, orateur sur le port, échappé des bagnes d'Oran, et du reste malaisé à tromper, mais aisé à corrompre, l'air humble, le cœur faux, le sourire incertain, et la parole douteuse; Jules Genuino, esprit inquiet, politique servile, vieilli dans les intrigues subalternes, condamné naguère à mort, envoyé par grace aux galères, qui avoit caché l'empreinte du fer sous un vêtement respectable, et qui, complaisant, vénal, audacieux, vouloit échapper à l'infamie par la révolte, au châtiment par la richesse, à l'oubli par la vengeance[2].

Après ces misérables chefs des émeutes populaires, quelques autres personnes partageoient, à un moindre degré, mais dans un tout autre rang, la faveur changeante du peuple de Naples. Le cardinal Filomarino, archevêque et primat du royaume, prélat subtil, conciliant, toujours prêt à défendre les opprimés, à rendre les châtiments

---

[1] Mém. de M. de Guise, liv. II, p. 97.

[2] De Santis, liv. I, p. 35. — Nicolaï, liv. I, p. 17. — Modène, liv. I, ch. IX, p. 123.

CHAPITRE VI. 69

moins sévères [1]; don Dioméde Caraffa, duc de Matalone [2], superbe, magnifique, patron libéral, et protecteur infatigable; François de Toralto, prince de Massa, foible et bienveillant, affable et peu résolu [3]; Tibère Caraffa, prince de Bisignano, plus jeune, plus franc, plus connu du peuple, et que les Napolitains regardoient comme un ami [4]; le prince de Montesarchio, de la maison d'Avalos; les ducs de Montemileto, d'Andria, de Tursi, et quelques uns encore de ces barons du royaume, si indépendants au milieu de leurs possessions féodales, qu'ils y paroissoient comme des souverains véritables. Vous les verrez bientôt figurer parmi les sanglantes révolutions qu'un moment fera naître. Alors encore ils n'étoient pour le peuple que de grands seigneurs dont la suite nombreuse, les chevaux, les écuyers, les pages, attiroient les regards, sur le passage de qui l'on s'arrêtoit, et devant lesquels le lazzarone ou le matelot ôtoit son bonnet de laine rouge, en faisant de la main le geste moitié familier, moitié

---

[1] Modéne, liv. I, ch. vi, p. 68.
[2] Modéne, liv. I, ch. vii, p. 72.
[3] Nicolaï, liv. III, p. 116.
[4] Modéne, liv. I, ch. v, p. 47

respectueux, qui lui paroissoit un signe d'amitié aussi bien qu'un hommage.

Cependant quelques chefs obscurs, dispersés parmi le peuple, essayoient de sourdes menées, qui ne pouvoient réussir encore. Des prédictions répandues à dessein annonçoient que l'ancienne Parthénope redeviendroit heureuse en reprenant son indépendance[1]. Mazaniel, nourrissant à-la-fois sa vengeance et sa haine, préparoit des partisans à une révolte dont il ne prévoyoit pas l'époque[2]. Le hasard, comme il arrive toujours dans les révolutions, amena ce moment que, depuis trois années, on hésitoit à choisir; et, le moment venu, la révolution marcha. Les révolutions n'attendent ni ne reculent.

---

[1] Raccolta mss. di documenti, p. 15. — Éclaircissements, n° 2.
[2] Giraffi, p. 14, 15, 16. — Nicolaï, liv. I, p. 20.

CHAPITRE VII.

Dix jours de révolution.

Juillet 1647.

Au nombre des fêtes où se plaît la cérémonieuse dévotion du peuple de Naples, est la fête de Notre-Dame des Carmes, ou del Carmine (le 16 juillet). Des processions nombreuses en attestent la solennité; des réjouissances toutes populaires en font attendre le jour avec impatience. Parmi ces réjouissances, une des plus chères à la multitude étoit le siége d'un fort de bois assez élevé, construit sur la place du vieux château, que des pêcheurs habillés en Turcs défendoient contre des lazaroni sous leur habit ordinaire. Ceux-ci, formés en compagnie avec une façon d'étendard et le bâton à la main, s'exerçoient, les trois dimanches d'auparavant, à marcher ensemble, à manier leur arme, et parcouroient les rues et les places en faisant parade de leur science nouvelle. Le troi-

sième dimanche étoit arrivé (7 juillet 1647). Les
jeunes gens devant s'assembler de bonne heure,
tous ceux d'entre eux qui vivoient d'une profession habituelle se hâtoient, dès le matin, d'achever le facile travail dont le produit suffit quelquefois à toute une semaine; et Mazaniel, choisi pour
être leur lieutenant, Mazaniel, entouré d'un grand
nombre d'entre eux, et debout à côté de son beau-frère, vendoit des fruits sur la place du marché.
Ce jour-là, tous les paysans de la campagne étant
venus à la ville, il y avoit une telle quantité de
fruits que les acheteurs ne pouvoient y suffire.
Les collecteurs seuls recueilloient l'impôt nouvellement assis. Une discussion s'éleva; des paysans
de Pouzzoles, qui n'avoient pas eu moyen de vendre leurs fruits, prétendirent qu'ils ne devoient
pas en acquitter le droit. Quelques revendeurs qui
se trouvoient là soutinrent que c'étoit au marchand
et non à l'acheteur de le payer. André Naucler,
élu du peuple, décida qu'il devoit être à la charge
du paysan qui apportoit ses fruits. Ce paysan étoit
le beau-frère de Mazaniel. Indigné de la décision
rendue, il saisit le panier de figues, l'ouvre, et le
répandant par terre : Ceci est à moi, dit-il; amis,
je vous le donne, et, du moins, nos tyrans n'en

CHAPITRE VII.

auront rien. Qu'ils en aient quelque chose! s'écrie Mazaniel. Et, s'emparant d'une branche de figuier, il en frappe violemment André Naucler au visage. Les jeunes gens qui l'entouroient imitent son exemple; mille bras se lèvent, et saisissent au hasard tout ce qui peut devenir une arme; le bureau des gabelles est renversé; toutes les guérites, destinées au même usage, sont livrées aux flammes; de l'une d'elles on arrache un écusson aux armes royales, qu'un pêcheur attache sur une rame et porte en triomphe; voilà le peuple qui se répand, qui marche, la foule qui s'accroît, les imprécations qui augmentent. Au-dessus d'une des guérites, habitoit, à Chiaia, Tibère Caraffa, prince de Bisignano. On l'appelle, on l'éveille, on l'entraîne vers le palais, pour y porter au vice-roi les plaintes et les prières du peuple: c'étoient des plaintes et des prières encore. Mais le vice-roi troublé ne sait que répondre; un billet par lequel il promet l'abolition de la gabelle des fruits est à peine reçue; le prince de Bisignano s'échappe, et Mazaniel, à la tête de sa compagnie de pêcheurs, le tambour battant, et faisant voltiger dans les airs un étendard arraché des fenêtres d'une hôtellerie, revient rapidement devant le palais, où le duc d'Arcos trembloit pour sa famille. Aux clameurs du peuple, le vice-roi paroît sur un balcon : Que voulez-vous? dit-il. Vive le roi d'Espagne, et meure le mauvais gouvernement! lui répondent mille voix confuses. Il répète : Que voulez-vous? L'abolition des gabelles, s'écrie Mazaniel. A peine le duc d'Arcos avoit-il répondu, Je l'accorde, que les flots de la populace s'agitent, se pressent, se refoulent l'un l'autre vers le palais; les gardes Espagnoles et Allemandes sont désarmées; le palais est envahi; on brise, on précipite par les fenêtres tous les meubles, tous les papiers des conseils et des chancelleries; et, chaque fois que les glaces de Venise, les cabinets de Saxe, les riches habits, les beaux meubles volent et tombent dans la place, de folles acclamations répètent : Vive le roi d'Espagne, et meure le mauvais gouvernement! Cependant le vice-roi cherche son salut dans la fuite : seul avec un officier de ses gardes, il se place dans un carrosse, le carrosse est arrêté; six hommes, le sabre à la main, s'y jettent et l'y pressent; une multitude furieuse l'entoure, de quelque côté qu'il regarde, il ne voit que des visages farouches, des bras nus, des armes menaçantes : il est seul, et tout ce qui l'entoure ap-

CHAPITRE VII.

porte la mort. Il ne désespère point toutefois ; on l'entraîne vers une église, et il pense qu'il offrira du moins à Dieu la fidélité qu'il garde à son roi. Là paroît le cardinal Filomarino ; là Tibère Caraffa revient, ramené au lieu du danger par le danger même. Ils pressent, ils prient, ils persuadent; le vice-roi signe de nouveau l'abolition des gabelles, et, franchissant le mur d'un jardin, va chercher un asile au château Saint-Elme. Le prince de Bisignano, étouffé par les baisers du peuple, et proclamé capitaine-général de la ville, échappe, au péril de sa vie, à ce double honneur. Une partie de la foule suit l'archevêque en s'écriant à haute voix d'un ton lamentable, et à la manière des confréries pénitentes : Ayez pitié de ces pauvres ames du purgatoire, qui vont chercher un soulagement à leurs maux; mes frères, mes sœurs, priez pour nous, joignez-vous à nous! D'autres courent vers les prisons, et en font sortir les condamnés ; ceux-ci enfoncent les boutiques des armuriers, et en arrachent les mousquets, les piques, les épées. Tout s'agite, tout est en armes. Trois cents pêcheurs avoient, au matin, commencé le mouvement : le soir, dix mille hommes soutiennent la révolte. Mazaniel est au milieu d'eux : il est devenu capitaine-général, au défaut de Tibère Caraffa; il porte une longue épée, il donne des ordres, il place des postes, il répond à tous, et tous lui obéissent. La nuit vient: de nombreuses troupes de lazzaroni parcourent la ville, d'autres traversent le port; des coups de fusil se font entendre, c'est un matelot qui ne sait pas porter cette arme nouvelle; des feux lointains paroissent à la tour des Carmes, c'est là que le capitaine-général du peuple a établi le siége de sa puissance; une explosion retentit dans l'air, c'est un marchand qui a voulu se défendre, et des barils de poudre qui ont donné la mort à quatre-vingts personnes à-la-fois. La rue de Tolède est muette et silencieuse; sur les châteaux forts on n'entend que le pas et le cri des sentinelles Espagnoles; sur le port, à la place du marché, vers Chiaia, sous le bastion des Carmes, tout est bruit, mouvement, agitation: le peuple y régne, Mazaniel y commande. C'est le premier jour de la révolution Napolitaine [1].

---

[1] Lettera mss. di un religios. carmelitano del 9 luglio 1647.
Raccolta I mss. di documenti, p. 1.
Giraffi, p. 11 à 36.
Modéne, liv. I, ch. v, p. 42 à 56.
Nicolaï, liv. II, p. 15 à 32.

CHAPITRE VII.

La nuit, qui remplaça ce jour formidable, fut une nuit de trouble et d'orage. Le vice-roi, réfugié dans le château neuf, y tenoit un conseil où l'on discutoit les moyens d'apaiser la révolte; et, de temps en temps, les discours violents ou pacifiques des ministres Espagnols ou des seigneurs Napolitains étoient interrompus par les décharges de mousqueterie qui retentissoient au-dehors des murs. Alors un sombre silence succédoit tout-à-coup aux discussions les plus vives; chacun cherchoit à lire dans les yeux de l'archevêque ou du vice-roi; les paroles s'arrêtoient; et puis l'heure qui sonnoit à son tour venoit, comme un avertissement d'en haut, les arracher à ces muettes pensées, et leur rappeler qu'il falloit se décider, et qu'il restoit à peine le temps de le faire. Au bastion des Carmes, Mazaniel, éclairé par la résine fumeuse qui brûloit dans un trépied de fer, recevoit les avis de Jules Genuino et de Cieco d'Arpaya, les écoutoit mal, et pour toute réponse : Ceux de là-haut m'inspirent, disoit-il; je sens comme un plomb brûlant dans ma tête; mais la Vierge et ses

— De Santis, liv. II, p. 43 à 58.
Rapport mss. à l'ambassadeur de France, du 9 juillet 1647.
Lettera mss. scritta di Napoli, sotto di 9 luglio 1647.

saints m'apparoissent chaque nuit, et me protégent; j'ai promis au peuple qu'il seroit libre : il sera libre.

Le jour parut enfin[1]. Les soldats du vice-roi occupoient les postes importants; 400 gardes auprès du château, 1,000 Allemands dans le palais, 800 Espagnols aux portes; devant eux des gabions, des sacs à terre, des épaulements élevés à la hâte, pour lier, par une ligne de fortifications, le palais, les places et les forteresses. Autour de ces retranchements inutiles, sur le port, dans les rues, les tambours battoient, les trompettes faisoient résonner l'air; les enfants, les femmes, les hommes faits, l'un avec un vieux mousquet, l'autre avec une armure, celle-ci portant une pique, cette autre la bêche ou la faux de son jardin, passoient, se pressoient, couroient se joindre à leurs amis ou se ranger sous des étendards qu'ils ne connoissoient pas. Les cours de justice étoient désertes, les collèges abandonnés, les palais de la noblesse fermés, comme au jour des funérailles ; on n'entendoit que des cris confus, des instruments discordants, des armes qui éclatoient par hasard. Les soldats Espagnols, vieux débris des batailles, contemploient

[1] Lundi 8 juillet.

CHAPITRE VII. 79

avec surprise ce spectacle si nouveau pour eux, et le peuple s'irritoit de leur tranquillité courageuse. Un bruit se répandit que 500 Allemands arrivoient, par la route de Pouzzoles, au secours des troupes royales : Mazaniel fit un signe; à ce signe, une multitude armée se précipita le long de la mer; les Allemands furent surpris et désarmés; d'autres armes furent enlevées de toutes parts; onze pièces de canon traînées par le peuple vinrent menacer le palais et dominer les places. Mazaniel parut au milieu de cette populace, les bras et les pieds nus, la tête couverte d'un bonnet de pêcheur, vêtu d'un caleçon de toile et d'une chemise grossière, une épée à la main; et, sous ces livrées de la misère, plus craint, plus recherché, plus obéi que le vice-roi dans son palais, qu'un souverain sur son trône. Il demanda que Jules Genuino fût nommé conseiller du peuple : Jules Genuino fut nommé; que Cieco d'Arpaya fût élu du peuple : une acclamation unanime y consentit; que Domenico Perrone, soupçonné naguère d'avoir mis le feu à la capitane, commandât sous lui; que Gennaro Annese, Giuseppe Palombo, quelques autres encore fussent capitaines des quartiers : tout applaudit à ces choix. Alors il montra du pain fabriqué dans la nuit, du pain plus gros, plus blanc, moins cher que celui qu'on vendoit naguère, et il cria: Vive le roi d'Espagne, et meure le mauvais gouvernement! Des accents de vengeance lui répondirent. Une liste étoit dressée, qui contenoit les noms des fermiers de l'impôt, de quelques magistrats, de quelques seigneurs désignés comme ennemis du peuple. Une torche brilla dans les mains du vieux Genuino, et le peuple s'élança furieux vers la demeure de ceux dont cependant il ne vouloit pas faire encore ses victimes. L'incendie commença, se poursuivit, s'acheva aux cris forcenés d'une populace en délire; mais Mazaniel avoit défendu le pillage; et l'or, les bijoux, les brocarts, les riches vêtements de velours ou de soie, l'argent monnoyé, la vaisselle, tout fut consumé dans les flammes. Ces hommes qui arrachoient avec effort des meubles d'un si grand prix, qui descendoient courbés sous le poids des lingots, qui fouloient aux pieds les étoffes les plus précieuses, ces hommes étoient nus, misérables, sans avenir: le moindre de ces trésors les eût à jamais enrichis; mais qui eût osé y toucher? Mazaniel avoit défendu le pillage [1].

---

[1] Bando primo mandato da Mazaniello. Racc. I di docum. mss., fol. 38.

CHAPITRE VII.

Pendant ce temps, le vice-roi voulut traiter encore: il députa vers le général du peuple. Le général du peuple demanda qu'on rétablît les impôts comme au temps de Charles-Quint; il ne savoit pas bien quelle étoit sa propre demande; mais vis-à-vis la maison qu'il habitoit, vers la place des Carmes, étoit un portrait de Charles-Quint qu'il révéroit depuis son enfance: et, en conséquence, il fit écrire qu'il vouloit qu'on rendît au peuple les capitulations accordées par Charles-Quint; qu'on lui remît dans les mains l'original des priviléges qui les constatoit; que, dans le conseil de la ville, il y eût douze votes égaux, six pour la noblesse et six pour le peuple; que l'élu du peuple fût élu par le peuple même [1], et qu'une colonne de marbre consacrât le souvenir de cette concession nouvelle. Tout eût été d'accord; il voulut ajouter, de surplus, qu'il y auroit amnistie générale pour le passé, mais que le peuple conserveroit le droit légal de prendre les armes s'il étoit mécontent [2]: et puis il dit au peuple: Est-ce là tout? Le peuple répondit: C'est là tout. Le soir arrivoit; mais la multitude avoit goûté du

---

[1] L'élu du peuple étoit une sorte de prévôt des marchands.

[2] Capitoli domandati dal popolo di Napoli. Raccolt. I mss. de docum, fol. 29.

pillage et de l'incendie; mais il y avoit déjà des proscrits et des victimes, et le sang ne s'arrête que tard quand il a commencé de couler[1].

Le 9 juillet au matin[2], l'on vit affichée sur les édifices publics une proclamation par laquelle le vice-roi accordoit au peuple la suppression des gabelles, l'amnistie pour tous les délits, le rétablissement des taxes comme au temps de Charles-Quint[3]; mais, et dans le même temps, un ordre publié par Mazaniel prescrivit à tous les citoyens de prendre les armes pour soutenir la cause du roi et de la liberté. Cent mille hommes y obéirent; les femmes de la campagne imitèrent leurs époux ou leurs frères; les rues se remplirent, les places furent couvertes, nulle part on ne pouvoit passer en sûreté. Là, c'étoit un peloton de pêcheurs, le fusil à la main et gardant quelques pièces de canon; ici, des lazzaroni courant livrer aux flammes les

---

[1] Lettera mss. di un relig. carmelitano, fol. 2 et 4. Racc. I di document. mss. — Lettera mss. di un cittadino del 9 luglio, fol. 32 et 33. — Giraffi, p. 39 à 62. — De Santis, p. 57 à 69. — Nicolaï, liv. II, p. 36 à 42.—Modéne, liv. I, ch. vi et vii.—Rapport mss. à l'ambassad. de France, du 9 juillet 1647.—Lett. mss. scritta di Nap., a di 9 luglio 1647.

[2] Mardi, 9 juillet.

[3] Bando del 8 luglio 1647. Raccolta II di docum., p. 1.—Raccolta I, p. 28.

CHAPITRE VII.

maisons de ceux qu'on leur avoit dénoncés; plus loin, des compagnies de femmes, la pique ou le mousquet sur l'épaule, le tambour battant, les enseignes hautes, qui venoient demander à Mazaniel des ordres ou des ennemis. L'église de Saint-Laurent dominoit la ville : elle fut enlevée après un léger combat; un drapeau suspendu y montra les armes du roi réunies à celles de Naples. Le tocsin fut au pouvoir des factieux, et bientôt le tocsin les appela sur la place du marché. Vêtu de ses habits pontificaux, les mains croisées, la tête découverte, l'archevêque y apportoit au peuple l'original des priviléges de Charles V, car le peuple vouloit l'original, et une copie envoyée d'abord avoit pensé coûter la vie au duc de Matalone, à Joseph Caraffa, au prieur de la Roccella lui-même. Le cardinal entra dans l'église des Carmes, il monta dans la chaire; il dit: Voici le diplôme original que vous avez demandé; mais des voix s'élevèrent qui accusoient le prélat d'imposture; Seigneur, dit Mazaniel en s'approchant de lui, pardonnez-leur, car ils ne savent ce qu'ils font; nous allons faire examiner le parchemin que nous apporte votre éminence; lisez-nous cependant les conditions que le vice-roi nous propose. On lut: le duc

6.

d'Arcos consentoit à tout; mais il avoit parlé de crimes, de grace, de pardon. Arrière, arrière, s'écria la multitude; nous sommes, nous avons toujours été de fidéles sujets du roi; nous sacrifierions pour lui notre sang et nos vies; nul de nous n'a commis de crime, nul de nous n'a besoin de grace. Mazaniel fit éloigner le cardinal; le peuple se dispersa pour aller brûler et détruire, quelques uns de ses chefs pour conspirer [1]. Jules Génuino et Ciéco d'Arpaya députèrent à Rome vers l'ambassadeur de France [2]. Ils commençoient à craindre, car ils voyoient que Mazaniel étoit devenu leur maître.

Ce maître étoit encore dans toute la force de sa tyrannie: les heures et les jours lui comptoient. L'aurore étoit à peine levée (le 10 juillet)[3], qu'il rassembla de nouveau ses conseillers, ses chefs, son peuple, dans l'église de Sainte-Marie des Carmes. Le cardinal archevêque s'y étoit rendu près de lui. Tous deux, debout devant l'autel, levoient la main pour demander du silence, lorsqu'une décharge de mousqueterie se fit entendre:

[1] Giraffi, p. 62 à 80. — De Santis, liv. II, p. 68 à 84. — Nicolaï, liv. II, p. 45 à 49. — Lettera mss. del relig. Carmelitano, fol. 4.

[2] Lettre en chiffres de M. Board à M. de Saint-Sauveur, du 22 juillet 1647.

[3] Mercredi, 10 juillet.

CHAPITRE VII. 85

des balles sifflèrent au travers de la nef. Qu'est ceci, monseigneur, dit Mazaniel, en saisissant avec violence le bras de l'archevêque? L'archevêque, sans répondre, montra la croix qui reposoit sur son cœur, et Mazaniel frappa sur l'autel en s'écriant: Trahison! Trahison! trahison! répétèrent de tous côtés des voix tumultueuses: tout se souleva, les flots de la populace s'entre-choquèrent sous ces voûtes paisibles. Les assassins reconnus, poursuivis, déchirés au milieu des nefs, à l'abri de la chaire, au pied des autels, poussoient des cris de désespoir auxquels répondoient les cris désordonnés d'une multitude furieuse, et qu'étouffoient le bruit des armes, les menaces, les blasphêmes dont trembloit ce séjour de pardon et d'amour. Un de ceux qui avoient essayé le meurtre, un de ceux que Mazaniel avoit choisis naguère pour commander avec lui, Domenico Perrone, se traîne jusqu'à ses genoux, sanglant, couvert de blessures, demandant la vie; il vouloit, disoit-il, dénoncer le complot formé par le duc de Matalone et Joseph Caraffa, son frère; il avoue qu'une mine étoit creusée sous plusieurs maisons, que des assassins avoient été apostés pour tuer Mazaniel; il parloit encore, que de nouveaux coups tombent sur sa tête; il rassemble ses forces, il fuit : une cellule entr'ouverte se rencontre sur son passage, il s'y précipite, il s'attache à un frère qu'il y trouve, il l'embrasse, il pleure, il lui demande l'absolution, la vie, il le couvre de son sang, il le serre dans ses bras à demi-glacés; mais le peuple accourt; les portes brisées lui ouvrent l'accès du cloître, mille cris de fureur retentissent. Perrone s'élance sur l'escalier du couvent, monte, se sent poursuivi, monte encore, entend les meurtriers, et se précipite par la fenêtre sur les piques et les sabres qui le déchirent en morceaux. Déja soixante autres victimes ont été immolées; déja les cris à mort, à mort, se font entendre. Un homme accourt qui dit que le duc de Matalone a pris la fuite; que Joseph Caraffa, son frère, a cherché un asile au couvent de Sainte-Marie de l'Observance. La populace y vole, les religieux tremblants ouvrent les portes, et, réfugiés au pied du crucifix de l'autel, regardent avec effroi la mort qui les environne, la mort qui n'est pas pour eux. Le couvent est envahi : les cellules, les sacristies, le cimetière, le lieu où l'on prie et le lieu où l'on meurt, rien n'est respecté. Le nom de Joseph Caraffa résonne au travers des portiques, sous les caveaux, dans les oratoires; des mains impies fouillent les autels, entr'ouvrent les reliquaires. Joseph Caraffa s'étoit échappé, après avoir vu tomber près de lui les deux seuls amis qui lui fussent restés fidèles. Mais la femme qui devoit le sauver le trahit: elle appelle la populace : Le voici, le voici, s'écrie-t-elle! A ces mots, Joseph Caraffa voit qu'il est sans espoir, il se relève, il s'avance; seul et debout contre l'arceau brisé d'une vieille chapelle: Voilà Joseph Caraffa, dit-il; rebelles, qui de vous lui donnera la mort? A sa vue, les meurtriers reculent, ils le regardent, ils mugissent, on diroit qu'ils cherchent par où frapper; et puis un d'entre eux s'élance et le poignarde; un boucher lui abat la tête, on le mutile, on le traîne. Donnez, donnez, s'écrie un de ces furieux, je veux lui couper le pied qu'il me força de baiser un jour, je veux le manger et que les miens en mangent. D'horribles clameurs s'élèvent dans l'air, on attache les cadavres sanglants à la queue des chevaux, on les promène dans Naples; des pêcheurs, des matelots les accompagnent, des enfants pleins de sang courent derrière, des femmes, des lazzaroni les suivent portant des bannières royales, tirant des coups de fusil dans les fenêtres. Sur la place du marché s'élève un échafaud de bois construit à la hâte. Des piques plantées en terre en forment l'enceinte. Sur ces piques on place la tête des victimes, et leurs corps défigurés gissent au-dessous, attachés avec des cordes infames. Sur cet échafaud, Mazaniel est monté, vêtu encore en matelot, l'épée à la main, les yeux hagards, l'écume à la bouche. Qu'on approche la tête de ce traître, dit-il, et il insulte aux dépouilles de Joseph Caraffa, il lui parle, il touche ses cheveux, sa bouche décolorée, tandis que la populace pousse dans les airs de féroces acclamations. De toutes parts on cherche des victimes, on immole des vieillards, on traîne des cadavres; les places sont couvertes de sang, les rues retentissent de cris d'effroi, les palais sont livrés aux flammes. Mais les églises sont ouvertes, les autels sont revêtus de l'ornement des fêtes des morts; et, devant le Dieu Très-Haut, les prélats et les prêtres demandent la paix, pleurent les victimes, et prient pour les coupables; et l'assassin qui vient de frapper, et l'incendiaire qui porte encore sa torche fumante, découvrent leur tête en passant devant ces églises, s'agenouillent et retournent au carnage. Le sang les a enivrés : les derniers jours et les derniers crimes sont prêts à paroître. Laissez aller le peuple, voilà son ouvrage.

On a dit qu'au milieu de ce tumulte affreux, le duc d'Arcos, plus inquiet de la possession que de la tranquillité de Naples, avoit employé tous ses soins à désunir le peuple et la noblesse [1]. Il faut bien consigner ici cette opinion, puisque celui qui l'a émise est un contemporain, et l'un de ceux qui ont pu le mieux connoître les choses et les hommes de cette époque; mais nous sommes loin de la partager. Il n'y avoit pas long-temps, en effet, que tourmenté par la noblesse qui montroit autant de prétentions qu'elle affichoit peu d'obéissance, le vice-roi avoit affecté d'entretenir entre les nobles et le peuple des dissensions qui assuroient sa souveraine puissance. A l'époque même dont nous nous occupons, le cardinal Filomarino devoit une partie de sa faveur populaire aux querelles qu'il avoit soutenues contre la noblesse; Mazaniel, dans ses discours, déclamoit souvent contre la tyrannie des nobles, contre leurs richesses et leur avidité; mais ce n'étoit pas à nourrir des haînes infructueuses que le vice-roi s'étudioit. Dès le second jour de la révolte, ses agents avoient tenté d'a-

---

[1] Modéne, liv. I, ch. VIII, p. 98.

cheter les chefs révolutionnaires, car tout révolutionnaire est à vendre, et ne dispute que du prix : Mazaniel avoit refusé, sans trop comprendre même qu'on voulût le corrompre. François Antoine Arpaya, en devenant élu du peuple, s'étoit placé volontairement dans une sorte de dépendance que devoit prolonger le desir de conserver sa charge. Le vieux Genuino s'étoit vendu, mais, tout en favorisant le duc d'Arcos, il croyoit de son intérêt de laisser marcher la révolution, et satisfaisoit sa haine en tournant contre la noblesse la mobile puissance de Mazaniel. Un des premiers ordres qui fut publié dans la matinée du jeudi 11 juillet, prescrivoit aux nobles de mettre leurs armes et leurs gens à la disposition des capitaines des quartiers. Un second enjoignoit aux religieux, aux personnes de condition relevée et aux femmes, de sortir sans manteau, sans robe, sans vertugadin, sans aucun des vêtements sous lesquels on auroit pu cacher des armes. D'autres réglements pourvurent à la vente de l'huile, et à quelques nécessités municipales [1]. Jamais souverain n'avoit été mieux obéi que le pêcheur de Sorrente. Ses secrétaires disoient au vice-roi : Mazaniel [2] veut, et le

---

[1] Bando del 11 luglio 1647. Raccolta II di docum. mss. inst. XIII.
[2] De Santis, liv. III, p. 100.

CHAPITRE VII.

vice-roi répondoit : Soit fait comme le veut Maza niel. Le peuple, et tout ce qui étoit de basse condition dans Naples, adoroit ses ordres et sa voix; et déja d'autres pensées germoient dans le cœur de ceux qui voyoient sa toute puissance. Un jour, c'étoit le jeudi même, Mazaniel, élevé sur son échafaud de la place du marché, rendoit quelques jugements sommaires contre les brigands qui s'étoient introduits dans Naples pour avoir part au pillage. A peine il avoit prononcé que leurs têtes tomboient. Dix mille hommes armés formoient sa garde. La populace se pressoit autour de lui, le regardoit, l'applaudissoit; et lui, fatigué de ces quatre jours presque sans nourriture, de ces quatre nuits presque sans sommeil, peut-être aussi de sa situation même, avoit reculé de quelques pas, et s'appuyoit sur la balustrade dont l'échafaud étoit entouré. Une femme masquée, ou plutôt un homme caché sous les habits d'un autre sexe, monte lentement jusqu'à lui, et s'appuyant sur la balustrade à son tour : Mazaniel, lui dit-il, nous arrivons à un but que tu n'espérois pas? — Lequel? — Une couronne se prépare, et cette couronne est pour toi. — Pour moi! reprit le pêcheur; je ne veux que la couronne verte de la Vierge de septembre; pauvre matelot, j'ai voulu délivrer mon pays;

quand il sera libre, je reprendrai mes filets. — Tu ne les retrouveras plus : en fait de rébellion, il ne faut pas commencer, ou il faut finir. — Je retrouverai mes filets.—Non, Mazaniel.—Et quoi donc? — La mort; et le masque disparut dans la foule [1].

Cependant le vice-roi, frappé de la durée de ce mouvement, qui avoit semblé si passager d'abord, s'étoit résolu de traiter à tout prix. Depuis deux jours le cardinal Filomarino s'étoit dévoué au grand œuvre de négocier un accommodement. Jules Genuino, Cieco d'Arpaya, Vitale secrétaire de Mazaniel, Annèse et quelques autres capitaines discutoient contre lui les propositions faites et les concessions à faire. Mazaniel les écoutoit d'abord, et puis discutoit à son tour; mais, et tous les historiens s'accordent sur ce point, c'étoit avec une présence d'esprit, une adresse, une clarté qu'on n'eût jamais attendues d'un malheureux sans éducation et sans expérience. Enfin le vice-roi céda sur tous les points. Il accorda l'abolition générale des taxes mises depuis Charles-Quint; une amnistie pleine et entière, dans laquelle Mazaniel se fit nominativement comprendre; la libre élection des magistrats de la ville; la renonciation aux anciens

---

[1] De Santis, liv. III, p. 106.

dons gratuits dont les reliquats n'étoient point encore acquittés; l'égalité des votes populaires aux votes nobles dans les délibérations dont les intérêts de la ville étoient l'objet [1]; il signa tous les articles et les fit revêtir de l'approbation du conseil collatéral. Un religieux, seul agent qui n'eût point inspiré de soupçons à la multitude, fut chargé de les rapporter à l'archevêque; et l'on convint qu'on en donneroit lecture au peuple assemblé dans cette même église de Sainte-Marie des Carmes, où, la veille, tant de sang avoit coulé. Deux heures suffirent pour l'y réunir. Tandis que des cris confus, des murmures d'attente et de joie faisoient retentir ces voûtes naguère silencieuses, le cardinal embrassoit Mazaniel, le forçoit à prendre un peu de pain et de vin qui pussent le soutenir, et lui faisoit quitter ses habits grossiers pour revêtir un costume plus convenable à la dignité de capitaine-général du peuple de Naples. Enfin ils parurent dans l'église: l'archevêque prit place sous le dais proche de l'autel; Mazaniel s'assit à ses pieds; Jules Génuino, et Ciéco d'Arpaya se placèrent à côté de celui qu'ils médi-

---

[1] Capitulazione concessa al fideliss. popol. di Napoli. — Eclaircissements, n° 3.

toient déja de trahir, et l'on donna connoissance des capitulations accordées. Aussitôt que la lecture en fut achevée, Génuino prit la parole. Il parloit encore quand Mazaniel impatient se leva et, se tournant vers l'archevêque, entonna le *Te Deum.* Le cardinal unit sa voix à la sienne ; toutes les voix lui répondirent. De la place au rivage, du bastion des Carmes au château neuf, un même chant de reconnoissance et de joie se fit entendre : on eût dit que la paix étoit revenue dans ces murs. Les galères Espagnoles, à qui Mazaniel avoit défendu d'approcher, l'entendirent en remettant à la voile. Le vice-roi du haut de son palais put l'entendre lui-même. Qui a vécu parmi le peuple en tumulte, sait ce que dure une paix de ce genre.

Ce n'étoit pas tout encore. Il falloit porter au vice-roi, qui le demandoit, le consentement et l'hommage du peuple très fidéle. Des messagers nombreux, députés par le duc d'Arcos, vinrent, à plusieurs reprises, inviter Mazaniel à se rendre au palais : il résista long-temps, puis enfin, Monseigneur, dit-il à l'archevêque; j'irai, mais c'est ma tête qu'on demande : donnez-moi l'absolution, que du moins je meure en paix. Le car-

CHAPITRE VII.

dinal le rassura; le cortége se mit en marche et sortoit de l'église lorsque, auprès des piliers du portail, une femme vieille, infirme, se présente, ne demandant, ne sachant rien, mais attirée par une curiosité vague, par je ne sais quelle inquiétude dont le cœur ne se rend pas compte. On la repoussoit; Mazaniel paroît: Ma mère! s'écrie-t-il; c'étoit sa mère. Il saute à bas de son cheval, il se jette à ses genoux, la presse dans ses bras, saisit ses mains et les passe sur son visage; il ne parloit pas, mais il pleuroit. La pauvre mère pleuroit aussi, et c'étoit de le voir si foible, si exténué par la fatigue: elle n'en savoit pas davantage. Le cardinal s'approche: Bonne femme, dit-il, bénissez votre fils. O ma mère! s'écria le rebelle, ma mère, bénissez-moi: il s'agenouilla, elle étendit ses mains sur sa tête; le cardinal abaissa les siennes sur le fils et sur la mère; et puis la mère se retira respectueusement à l'écart pour prier encore; Mazaniel remonta sur sa haquenée, et le cortége reprit sa route.

Des compagnies de cavalerie, montées sur les chevaux enlevés dans les palais ou pris aux gardes Espagnoles, ouvroient la marche. De longues files d'hommes du peuple demi-nus, demi-habillés, suivoient, portant des étendards aux armes du roi Philippe IV et de la ville de Naples. Après elles, quelques officiers choisis, puis Mazaniel monté sur un beau cheval, vêtu d'un habit de drap d'argent avec un manteau pareil, la tête coëffée d'un chapeau que surmontoit une touffe de plumes blanches, le col découvert, l'épée nue à la main, et plus pâle, plus fatigué qu'il n'avoit paru encore. Derrière lui étoit le carrosse du cardinal qui, passant la tête à la portière, bénissoit le peuple agenouillé sur son passage; ensuite Jules Génuino et François d'Arpaya, puis encore une multitude de soldats ou d'hommes à pied et à cheval, chargés d'armes qu'ils connoissoient à peine. Ce cortége nombreux, cette multitude avide d'une nouvelle cérémonie s'arrêtèrent auprès du château, sur la place qui s'étendoit entre les fonderies royales, Saint-Jacques des Espagnols et les ouvrages de défense. Là, Mazaniel ordonna qu'on fît silence; on se tut. Il monta sur la selle de son cheval, et d'une voix ferme encore, mais altérée déjà: Mon peuple, mon cher peuple, dit-il, voici venu le moment auquel nous n'osions croire : le fardeau des taxes ne pèse plus sur nous, la liberté nous est rendue; ce sont de grands, d'immenses bienfaits dus à la bonté du ciel, à l'intercession de la bienheureuse Vierge des Carmes, à la protection de notre bon archevêque. Mon peuple, qui sont vos patrons et vos bienfaiteurs? répondez, répétez avec moi. Alors, et en ôtant son chapeau, il s'écria Dieu! le peuple tout entier répéta : Dieu; la Vierge des Carmes; toutes les voix redirent : la Vierge des Carmes; le roi Philippe, le cardinal Filomarino et le duc d'Arcos! chacun répéta : le roi Philippe, le cardinal et le duc d'Arcos. A cette voix éclatante qui retentissoit au milieu de la place, à la rapidité de ces réponses prononcées sans hésiter, sur un ton uniforme et bas, qui ressembloit à un murmure, on eût dit que c'étoient les premiers chrétiens qui, sous les arcades souterraines, témoins des prédications de saint Janvier, venoient louer Dieu d'une voix contrainte, recevoir ses lois, et lui offrir l'humble tribut de leurs prières. Maintenant ajouta Mazaniel, vous allez être libres, ma mission sera terminée, j'irai reprendre mes filets et retrouver ma cabane; je n'ai rien et ne veux rien pour moi; monseigneur a seul eu le pouvoir de me faire prendre l'habit que je porte : né sous le toit du pêcheur, c'est sous le toit du pêcheur que je dois mourir. Vivez heureux et délivrés, souvenez-vous de moi quand vos enfants vous apporteront les fruits ou les poissons achetés pour leur nourriture : et quand je ne serai plus, mes amis, mon cher peuple, je ne vous demande qu'une grace, conservez votre liberté, et dites chacun un *ave maria* pour le pauvre Mazaniel. Nous le dirons, nous le dirons, répondit la multitude, mais dans cent années, vous vivrez cent années. Eh bien! mon cher peuple, reprit le pêcheur, je vous rends graces, et n'ai plus à vous offrir qu'un conseil : ne déposez pas les armes tant que la ratification du roi d'Espagne ne sera pas arrivée pour sanctionner ces priviléges reconquis avec tant de peine, et défiez-vous de la noblesse qui vous sera toujours ennemie. Adieu, je vais négocier pour vous avec le vice-roi, attendez-moi, soyez tranquilles; mais si demain je n'étois point revenu parmi vous, amis, promettez-moi de mettre ce palais en cendre, et toute la ville en flammes; me le promettez-vous? — Nous le jurons; — adieu, mon cher peuple; — adieu, Mazaniel. Comme il disoit, le palais s'ouvrit, un capitaine des gardes du vice-roi arriva parmi les rebelles, et les chefs entrèrent dans le château neuf au milieu des gardes Espagnoles, debout, l'espingole armée et la mèche fumante. Le duc d'Arcos étoit

CHAPITRE VII.

descendu: il courut, les bras ouverts, au devant de Mazaniel qui se précipita d'abord à ses genoux; mais soit émotion, soit fatigue, soit que la nature, épuisée par le continuel effort qui avoit placé cet homme hors de sa position et de son caractère, refusât de l'y soutenir, il se trouva mal en se prosternant devant le vice-roi. Une terreur soudaine saisit tous les esprits. On craignit que le peuple ne supposât des embûches, un assassinat; et un soupçon du peuple étoit un signal de mort. Le duc d'Arcos fit porter Mazaniel auprès d'une fenêtre, l'embrassa, lui fit prodiguer tous les secours nécessaires : la vie de ce pêcheur répondoit alors de la vie de tout ce qu'il y avoit d'illustre dans le royaume. Il se remit enfin, et, s'inclinant de nouveau, s'écria : Vive le roi! monseigneur, je vous apporte ma tête, disposez de moi selon votre bon plaisir. Le duc d'Arcos l'embrassa encore. Cependant un tumulte affreux se fit entendre au dehors du palais. Mille imprécations contre le duc d'Arcos, mille cris à mort retentissoient dans la place. On avoit dit Mazaniel assassiné, et le peuple se soulevoit et mugissoit comme les flots de la mer au moment d'un orage. Seigneur, dit le rebelle, ils sont plus obéissants qu'on n'a voulu vous le faire croire. En disant ces mots, il parut au balcon, et cria: Vive le roi et le duc d'Arcos. Tout le peuple cria avec lui. Il ordonna le silence, un silence subit, effrayant peut-être, succéda tout d'abord au tumulte. Il ordonna d'évacuer la place : et, de même encore que les flots de la mer, lorsque le vent les refoule et découvre au loin le sable du rivage, cette multitude naguères menaçante s'enfuit alors aussi précipitamment que si elle eût entendu la parole du Très-Haut dans sa colère. Les Espagnols ne proférèrent pas un mot, mais ils s'entreregardèrent. Le vice-roi, le cardinal et Mazaniel, embarrassés tous trois, gardoient le silence. Enfin, un entretien secret les réunit. Lorsqu'il fut terminé, le vice-roi mit au cou de Mazaniel une chaîne d'or, le confirma dans son grade de capitaine-général du peuple de Naples, et le salua du titre de duc de Saint-Georges qu'il lui conféroit au nom du roi d'Espagne. Le cardinal reprit sa route vers le palais épiscopal, le vice-roi rentra dans le palais, et le nouveau duc de Saint-Georges retourna dans sa chaumière [1].

---

[1] Lettera del Carmelitano, fol. 8 et 9. Raccolt. I. mss. di docum. Giraffi, p. 105 à 131.
De Santis, liv. III, p. 110 à 114.

Cette chaumière étoit sur la place du marché, près de l'église des Carmes, aux mêmes lieux où la sédition s'étoit émue, où la révolution étaloit ses fureurs. Elle étoit petite et basse; deux salles la composoient; deux chambres étoient au-dessus; l'une avoit une ouverture du côté du port, l'autre une fenêtre peu élevée de terre et qui donnoit sur la place. Mazaniel se tenoit à cette fenêtre quand il donnoit audience, comme il le fit presque toute la journée du vendredi (12 juillet), et n'en sortoit que pour aller, au bastion des Carmes, examiner sa force militaire, ou, sur son horrible échafaud de la rue de Toléde, s'entourer des cadavres sanglants de ses victimes, mêlant ainsi, à ce qu'il croyoit, et d'après l'exemple des anciens chefs d'Israël, les fonctions de juge à celle de capitaine. Des gardes nombreux entouroient sa chaumière. Ceux qui avoient à faire à lui s'approchoient, portant au bout d'une pique le placet ou le mémoire qu'ils vouloient remettre dans ses mains: et lui, couvert de ses habits de matelot qu'il avoit repris, la poitrine nue, la tête couverte

— Modéne, liv. I, ch. ix, p. 116 à 140.
Nicolaï, liv. II, p. 49 à 69.

d'un bonnet de laine rouge, appuyé d'une main sur la barre de bois de la fenêtre, tenant sur sa poitrine une arquebuse dont la bouche étoit tournée vers la place, il prenoit les papiers que les piques élevoient à sa portée, ne les lisoit point parcequ'il ne savoit pas lire, s'en faisoit rendre compte par des secrétaires masqués qui écrivoient dans la chambre au-dessous, signoit avec une griffe les ordres écrits en son nom, et prononçoit en un instant, sans discussion, sans recours, sur le repos, sur la fortune, sur la vie de tout ce qu'il y avoit à Naples de grand ou de petit, d'obscur ou d'illustre. Sa confuse justice frappoit à-la-fois des criminels et des innocents, ceux qui excitoient le plus léger soupçon et ceux qui avoient commis de véritables délits. Quelques serviteurs attachés au duc de Matalone furent saisis par hasard : on leur trancha la tête au nom seul de leur maître. Un boulanger fut convaincu d'avoir affoibli le poids des pains qu'il vendoit : on le brûla vif dans son four. Des voleurs de grand chemin, des bandits, comme on les appelle en Italie, furent décapités ou roués parcequ'on les accusa de venir mettre le désordre dans Naples; et l'un des historiens de cette époque, Augustin Nicolaï, confesse qu'il courut le risque de la vie pour avoir intercédé en faveur d'un enfant de douze ans que l'on accusoit d'espionage [1]. Aucun conseil, aucune représentation n'arrêtoit ce tyran d'une espèce si nouvelle. Arpaya et Génuino, dédaignés et repoussés par lui, nourrissoient dans leur ame une haine homicide, mais se trouvoient sans pouvoir auprès du chef indomptable qu'ils s'étoient donné. Le seul archevêque de Naples conservoit sur lui un pouvoir qu'entretenoient de continuels rapports, une vénération déja ancienne et les idées religieuses les plus exaltées. Auprès de lui, Mazaniel étoit complaisant, empressé même : il faisoit toujours grace quand le cardinal le demandoit; et quand il revêtoit ses beaux habits, quand il faisoit parade de son pouvoir ou donnoit les ordres les plus dangereux, ce n'étoit ni pour se satisfaire lui-même ni pour éblouir le vice-roi, auquel il ne rendoit qu'un hommage momentané, c'étoit pour montrer au cardinal archevêque tout ce qu'étoit devenu son paroissien Mazaniel. Et quel autre motif y a-t-il dans les actions des hommes? L'opinion, reine du monde! dit un pro-

---

[1] Nicolaï, liv. II, p. 70.

verbe Italien; mais l'opinion, qu'est-ce donc? deux personnes, plus souvent une.

Le samedi 13 juillet, étoit le jour destiné pour la publication solennelle des capitulations accordées par le vice-roi. C'étoit pour le peuple un jour de fête, un jour d'appréhension pour les Espagnols, pour Mazaniel un jour de triomphe. Chacun, dès le matin, s'y prépara comme il devoit le faire. Le capitaine-général publia un ordre pour que toutes les maisons fussent tapissées, que chacun des nobles qui avoient cherché un asile dans les couvents ou dans les églises, rentrât sur-le-champ dans sa demeure, et fît mettre sur sa porte son nom, les armes du roi d'Espagne et celles du peuple très fidèle; que l'on donnât une paye fixe (1 carlin) et des rations (deux bouteilles de vin et vingt onces de pain) à chaque homme qui seroit de garde dans les postes, et il y en avoit trente mille. Ces mesures révolutionnaires sont de tous les temps et de tous les pays. On obéit, car la mort

---

[1] Nicolaï, liv. I, p. 69 à 72.
Lettera del Carmelitano, fol. 9. Raccolta I di docum. mss.
De Santis, liv. III, p. 114 à 122.
Modéne, liv. I, ch. IX, p. 140 à 144.
Giraffi, p. 131 à 147.

étoit la peine de la moindre contravention ; et Naples apprit que l'on ne devoit plus reconnoître l'autorité de l'archevêque ni du vice-roi que sous le bon plaisir de Mazaniel. De son côté, l'archevêque avoit fait exposer le sang de saint Janvier dans l'église cathédrale ; et le vice-roi, prêt à partir, et certain qu'il exposoit sa vie pour le service de son maître, avoit fait son testament avec un admirable sang-froid, ordonné aux capitaines des châteaux forts de ne plus reconnoître, jusqu'à son retour, les ordres même signés de lui, et légué au cardinal de Trivulze le périlleux devoir de lui succéder, s'il étoit assassiné, dans la direction des affaires et le gouvernement du royaume. On vint lui annoncer que Mazaniel approchoit : il se leva, pressa contre son cœur la duchesse d'Arcos et ses enfants, mit dans son sein un reliquaire et descendit. Un nombreux cortége l'attendoit et le conduisit à la cathédrale. Tout ce qu'il y avoit d'autorités dans Naples, le conseil collatéral, le conseil d'état, le tribunal de la vicairie et celui de Sainte-Claire, les chancelleries de guerre, des subsistances et des affaires ecclésiastiques, marchoient processionnellement à la suite du vice-roi. Deux cent mille hommes environ, accourus de la campagne ou armés dans la ville, formoient la suite de Mazaniel. On prit place dans l'église : on lut à haute voix les priviléges accordés, et tandis qu'on les lisoit, le capitaine-général du peuple interrompoit sans cesse, expliquoit, changeoit, supprimoit des articles, et faisoit trembler tous les Espagnols pour le duc d'Arcos, qui ne trembloit que pour eux. Un moment après, il se mit à négocier avec le vice-roi. Tantôt il vouloit quitter son rang et sa grandeur nouvelle, et tantôt rester capitaine-général, avoir des gardes, créer des officiers et donner des brevets. Il proposa de faire payer au roi d'Espagne cent millions d'or, comme offrande extraordinaire; et puis tout d'un coup il s'écria qu'il renonçoit à tout, et pria le duc d'Arcos et le cardinal de lui aider à déchirer tout de suite son habit de toile d'argent. Les chants religieux du Te Deum le calmèrent cependant. Il reprit ses sens, la cérémonie s'acheva, une multitude d'exemplaires des réglements nouveaux, imprimés d'avance et sans date, furent répandus dans le peuple et affichés dans les carrefours. Le vice-roi, pour retourner chez lui, prit le chemin du marché neuf, et découvrit respectueusement sa tête devant la femme de Mazaniel, qu'il aperçut à une fenêtre. Le cortége se dispersa. Le soir étoit calme, le ciel triste et voilé; les maisons, tendues d'étoffes et de tapisseries, signaloient encore un reste de fête; dans les rues brûloient des pots-à-feu, des tonneaux de goudron, des faisceaux de bois léger amassés de toutes parts, et pourtant tout étoit tranquille; mais il y avoit quelque chose d'horrible dans cette tranquillité d'une ville ordinairement tumultueuse. Les cadavres jetés au pied des échafauds, les têtes attachées à des piques, ce sang qui couvroit la lave du pavé, la lueur sombre des feux, le silence craintif qui régnoit dans les maisons, annonçoient que la mort étoit là; et, de temps en temps, quelques détonations dont retentissoit le Vésuve, quelques flammes rougeâtres qui s'échappoient de son cratère, s'élevoient comme pour attester la puissance de celui qui est au-dessus des hommes, et qui frappe quand il en est temps.

Au sein de cette nuit redoutable, entre des postes de gardes populaires, et le long des tranchées où veilloient les arquebusiers Espagnols, quelques hommes se glissoient en silence vers le château neuf : c'étoient Jules Génuino, Ciéco d'Arpaya, Annèse, d'autres chefs créés par Mazaniel, et qui venoient offrir sa tête. Le vice-roi hésita long-temps, car il ne pouvoit confier son salut à un crime. Enfin le vieux Génuino comprit qu'il y avoit de certaines propositions qu'un noble Espagnol ne pouvoit accepter ni entendre. Il sortit le front dans son manteau, les capitaines conjurés avec lui le suivirent : ils repassèrent les postes royaux en se donnant parole pour le meurtre qu'ils méditoient. Qui vive? leur cria le premier officier populaire: Vive le peuple très fidéle! répondit Génuino: Vive à jamais Mazaniel! ajouta sur-le-champ Ardizzone: c'étoit celui qui devoit l'assassiner[1]!

Mais la carrière de Mazaniel étoit finie: le Très-Haut, qui avoit déchaîné le peuple et lui contre les lois et les grands de la terre, sembloit, pour les punir ensemble, les avoir livrés l'un à l'autre. Possesseur tranquille d'une puissance tellement inespérée, le pêcheur ne put en soutenir le poids. La fatigue, l'orgueil, l'étonnement, égaroient déja son esprit. Il n'étoit plus cruel comme un révolutionnaire a besoin de l'être, ni vigilant comme

[1] Lettera del Carmelitano, fol. 9. Raccolta I di docum. mss.
Giraffi, p. 147 à 160.
Modène, liv. I, ch. x, p. 144 à 148.
Nicolaï, liv. I, p. 72 à 75.
De Santis, liv. III, p. 122 à 134.

un chef de rebelles doit le devenir, ni clément comme la religion eût pu le rendre. Tout étoit confusion dans ses discours, dans ses actions, dans sa tête. Rebelle et meurtrier, c'en étoit fait de lui, car il avoit connu la crainte. Le dimanche étoit venu. L'incendie continuoit à dévorer les maisons de tout ce qui avoit eu quelque part à la ferme des gabelles. Des monceaux de bijoux, de meubles, des lingots d'or et d'argent, des trésors en espèces, arrachés des palais qu'on livroit aux flammes, venoient s'entasser sur la place du marché, d'où ils commençoient de remplir la chaumière du pêcheur. Désormais il lui falloit des trésors pour les répandre, des habits magnifiques pour sa femme, pour ses parents, pour ses domestiques à venir, un palais construit exprès pour le loger, des secrétaires nombreux pour écrire ses ordres, des gardes pour en assurer l'exécution; et le peuple s'étonnoit que ce chef, naguères adoré, n'eût déja plus le désintéressement qu'il exigeoit encore autour de lui. Cependant, l'archevêque de San-Séverino vint cérémonieusement trouver Mazaniel. Il vouloit regagner son diocèse, et, sans un passeport du capitaine-général, il n'y avoit aucun

⁕ Dimanche, 14 juillet.

moyen de sortir de Naples. Le capitaine-général étoit à moitié nu, et son arquebuse chargée à la main; l'archevêque en rochet et en camail. Oh! monseigneur, mon beau monseigneur, dit Mazaniel, que voulez-vous? — Votre bon congé, répond l'archevêque, et l'agrément de votre seigneurie illustrissime pour me retirer en Calabre. — Oh! bien, quatre cents de mes hommes feront cortége à monseigneur jusques à son archevêché. — Votre seigneurie est trop bonne, je vais par mer. — Par mer aussi je veux avoir soin de lui : holà! qu'on apprête quarante felouques pour conduire monseigneur. — L'archevêque représenta modestement qu'il avoit quatre felouques déja préparées, et qu'elles suffisoient pour sa suite et pour lui. — Allons, allons, dit le capitaine-général en jouant avec son arquebuse, monseigneur est le maître; mais sa grandeur ne me refusera pas de prendre ce petit sac : prenez, monseigneur; ce sont 4,000 doubles d'or pour votre voyage; le prélat de refuser, Mazaniel d'insister : il prioit, mais comme on menace : un signe de lui, et la mort eût tenu lieu de réponse. L'archevêque accepta 400 doubles d'or, et partit. L'instant d'après, trois hommes et une femme furent amenés : la femme étoit accusée d'avoir fabriqué du pain au-dessous du poids, on mit le feu à sa maison. Un des hommes étoit d'Averse, gentilhomme, et qui vouloit retourner dans sa famille. Mazaniel le lui permet, puis le rappelant tout d'un coup : je te fais prince d'Averse, et lui donnant un soufflet: et en voilà l'investiture, ajouta t-il. Les deux autres prisonniers étoient amis du duc de Matalone, ils le dirent : Mazaniel fit un geste, et leur tête roula devant lui.

On égare le peuple dans ses passions ; il est rare qu'on le trompe dans ses jugements. Dès que le tumulte des passions se calma, la révolution fut moins populaire : on desira le repos. Le desir du repos ramena vers la pensée des lois. Il ne resta donc plus qu'à composer avec quelques idées, que satisfaisoient les capitulations consenties, et avec quelques hommes, au nombre desquels le chef de la rébellion ne pouvoit pas être. Il n'y a qu'un moment à saisir dans chaque affaire du monde ; l'instinct qui l'aperçoit s'appelle parmi nous le génie : de temps en temps le hasard y supplée, et ce hasard s'appelle parmi nous la fortune. Mazaniel avoit eu quelques jours de l'une, et ne concevoit pas même l'autre : il fut perdu, et il devoit l'être en effet. Mais son intelligence l'avoit abandonné avant sa fortune. Il en est un des plus singuliers exemples : nous avons pu en voir de plus frappants.

Ce même dimanche, huit jours après celui qui avoit vu le peuple s'armer et s'emparer de tous les postes de la ville, le capitaine-général imagina d'ordonner que le peuple rendroit les postes, et déposeroit les armes. Les troupes Espagnoles, qu'on avoit retenues soigneusement à la garde des forteresses, réoccupèrent quelques uns des points les plus importants, et les capitaines populaires se rendirent auprès de leur chef. La matinée étoit avancée déja. Tout d'un coup il sortit de sa maison, la poitrine découverte, la tête chargée de son chapeau à plumes, avec un haut-de-chausses de drap d'argent, une jambe bottée et l'autre nue. On lui amena un cheval; il sauta dessus, et se mit à courir chez le cardinal Filomarino, à qui, d'abord, il proposa de venir souper avec lui au pied du Pausilippe. Le cardinal n'osa refuser, mais s'excusa d'y aller sitôt à cause des offices, et dit qu'il s'y rendroit plus tard. Mazaniel s'en alla pour lors chez le vice-roi, entra, s'assit, et demanda qu'on lui donnât à manger. Des officiers servirent à l'instant une table élégante. Non, non, s'écria-t-il; il fit un signal;

quelques pêcheurs entrèrent chargés de poissons frits et de légumes grossiers. Voilà mon dîner, dit-il; et, après s'être jeté dessus, il proposa au vice-roi la même promenade qu'à l'archevêque. Le duc refusa, il fallut y aller seul; mais, cette fois, ce fut à pied, en courant, l'épée à la main, frappant au hasard tout ce qu'il rencontroit, riant d'un air stupide des coups qu'il portoit, et poussant des cris inarticulés. La chaloupe du vice-roi le conduisoit au pied du Pausilippe; il désira entendre la messe à l'église de la Madone de Pie di Grotta, et, en sortant, il se jeta à la nage tout habillé. Au bout d'une heure il voulut souper, et but douze bouteilles de ce vin fumeux qui naît sous les cendres du Vésuve. On le ramena; le peuple s'écartoit : il rentra chez lui; il y eut moins de gardes autour de sa demeure, et puis il dormit. On eût dit qu'il prenoit des forces pour mourir.

Pendant sa promenade, sa femme, jeune, ignorante, mais assez courageuse, avoit été mandée chez la vice-reine qui la combloit de caresses. Vous êtes la vice-reine des dames, disoit-elle à la duchesse d'Arcos, et moi la vice-reine des femmes du peuple; soyez heureuse dans tous ceux que vous aimez, et puissé-je aussi l'être! La duchesse

8

étoit épouse et mère, et la femme de Mazaniel avoit loin de Naples un petit enfant qu'on allaitoit. La duchesse essaya de lui persuader qu'il falloit que son mari quittât le poste dangereux où l'avoit mis la révolte : Non, madame, reprit la jeune femme; il vaut mieux que votre mari gouverne les Espagnols, et le mien les Napolitains. S'il renonçoit maintenant, qui répondroit de lui, qui répondroit de moi? La duchesse se tut. Un moment après, elles se séparèrent; mais ce fut sans reproche et sans haine, car elles s'étoient trouvées réunies par les dangers de ceux qu'elles aimoient [1].

Ce danger croissoit alors pour le seul Mazaniel [2]. D'absurdes violences avoient aliéné de lui ses principaux complices. Le peuple murmuroit; et, chez le peuple, un murmure, c'est déja de la haine. Cependant il obéissoit encore ; parceque les hommes réunis sont long-temps conduits par leurs

---

[1] Lettera del Carmelitano, fol. 9.
De Santis, liv. IV, p. 134 à 142.
Giraffi, p. 160 à 173.
Nicolaï, liv. I, p. 75 à 80.
Modène, liv. I, ch. x, p. 148 à 153.
[2] Lundi, 15 juillet.

CHAPITRE VII.

habitudes. Mais Arpaya, mais Génuino, mais ces chefs populaires que la sédition venoit de mettre en un rang dont ils craignoient de descendre, avoient calculé, dans leur intérêt, le prix de sa mort. Ils revinrent en secret chez le vice-roi; cinquante capitaines des compagnies marchoient à leur suite, et demandoient avec eux que le vice-roi reprît toute sa puissance, qu'on leur rendît des lois et du repos, une obéissance et un avenir. Et ce n'étoit pas un médiocre spectacle que de voir ces révolutionnaires venir implorer, à genoux, un pardon et des lois de cette même autorité légitime qu'ils avoient si audacieusement bravée; car les princes légitimes pardonnent toujours, comme si ce devoit être une preuve nouvelle que leur force vient d'en-haut. On convint avec les députés des moyens à prendre pour s'assurer des postes, pour éviter l'effusion du sang des citoyens paisibles, pour rétablir un peu de tranquillité dans la ville; les troupes Espagnoles reçurent leurs ordres, douze galères commandées par Giamettino Doria se rapprochèrent du rivage, et la mort de Mazaniel fut résolue.

Quelques écrivains ont prétendu que, dès le

jour précédent, un poison sûr avoit été mêlé dans le vin qu'on lui avoit présenté [1], et que ce poison avoit suffi pour altérer sa raison. Nous ne pouvons partager cette idée. Le témoignage des contemporains, les lettres écrites pendant la révolution même attestent assez le dérangement progressif des facultés d'un homme à qui le succès, la chaleur, l'abstinence, le meurtre même, devoient faire éprouver des émotions trop violentes pour ses forces. Le succès l'enivra : la crainte, qui s'y mêla tout d'un coup, troubla toutes ses pensées; et le simple récit des faits montre que l'orgueil et la crainte furent, dès le premier instant, les éléments fixes de sa folie. Tantôt il couroit dans les rues le poignard à la main, ordonnant aux voitures de s'arrêter devant lui, envoyant à la mort ceux qui n'en descendoient pas assez vite, répandant le pillage, l'effroi, et l'incendie. Tantôt il pardonnoit aux prisonniers en les suppliant de prier pour lui, se jetoit dans les églises, haranguoit le peuple, et sollicitoit son secours. Écoutez, mon peuple, disoit-il dans l'église des Carmes, un crucifix à la main, et debout devant l'autel ; en

---

[1] Saint-Non., Voy. de Naples et de Sicile, tom. I, p. 246.
Meister, Mazaniello.

vérité, en vérité, je vous le dis, ma mort approche, le Vésuve me menace, et vomit contre moi des déluges de feux; vous-même, pour qui je me suis sacrifié, vous ne m'aimez plus, vous songez à me donner la mort; mon peuple, je vous le dis, demain je serai assassiné. Le peuple l'écoutoit avec un mélange de vénération et de pitié, ces deux sentiments si puissants sur les esprits populaires; et cent cinquante mille hommes pouvoient encore s'armer pour lui. Il n'en donna point l'ordre. Les troupes Espagnoles continuèrent d'occuper les postes. On vint lui en rendre compte : il répondit qu'il vouloit aller souper au Pausilippe, entra tout habillé dans la mer pour gagner la chaloupe, en sortit de même, et dans des transports de fureur : le moment approchoit : ses propres amis l'enchaînèrent pour le ramener dans sa maison. La nuit vint; et les historiens du temps prétendent que, cette nuit même, saint Janvier, protecteur de Naples, apparut au-dessus du môle, et montra du doigt l'église et le couvent des Carmes, où le meurtrier devoit périr[1].

[1] Lettera del Carmelitano, fol. 10.
Modéne, liv. I, ch. x, p. 153 à 155.
Giraffi, p. 173 à 183.

Le dixième jour de la révolution se leva[1]. C'étoit un de ces beaux jours de Naples, où l'air est si léger, le ciel si pur, où les brises de mer tempèrent si bien la chaleur, où l'on se sent heureux de respirer et de vivre. C'étoit aussi le jour d'une des grandes solennités de la ville, la fête de Notre-Dame des Carmes, pour laquelle on avoit fait naguère les préparatifs au milieu desquels la révolte étoit née. Un peuple immense remplissoit les places et les rues : les femmes et les enfants étoient en habits de fête, avec leurs robes d'étoffe, leurs chemisettes blanches, leurs tabliers aux couleurs tranchantes, et les épingles d'argent et d'or dont sont ornées leurs têtes : les hommes, moins richement vêtus, mais non moins animés, portoient, les uns des couronnes de fleurs, et les autres des armes, gardoient quelques postes encore, mais se répandoient dans toutes les églises. La révolution aux prises avec la piété paroissoit avoir été vaincue. Huit mille personnes étoient réunies dans la seule église de Notre-Dame des Carmes. Le cardinal Filomarino, revêtu des ornements

— De Santis, liv. IV, p. 142 à 145.
Nicolaï, liv. I, p. 80 à 87.
[1] Mardi, 16 juillet.

CHAPITRE VII.

pontificaux, entroit, prêt à célébrer les saints mystères. Tout-à-coup Mazaniel paroît, éperdu, haletant, couvert de ses vêtements de velours et d'or, les cheveux épars et les yeux égarés. Il monte rapidement sur la tribune, arrache de l'autel même le crucifix qu'il brandit comme une lance, s'agenouille et donne la bénédiction aux assistants, se relève, et d'une voix forte : Que font ici ces prêtres, ces enfants, ce clergé nombreux ? un seul homme ne suffit-il pas pour célébrer l'office, faire entendre la parole sainte, mettre les cloches en mouvement, écouter les confessions, et répandre les indulgences ? Pourquoi des prêtres quand je suis ici ? n'ai-je pas le droit de lier et de délier, d'imposer et d'absoudre ? Point de pape ! j'en tiendrai la place; point de rois ! je voudrois faire tomber leurs têtes. O mon peuple, mon peuple, vous ne m'écoutez plus ! ma voix ne retentit plus qu'à vos oreilles ! Hélas ! et je me suis immolé pour vous ! je vous ai donné mes veilles et mes fatigues, mon repos et ma vie ! Le plomb a sifflé devant ma poitrine, les pierres ont volé autour de ma tête, le poignard a été près de m'atteindre, et je ne me suis pas plaint. La vie s'est usée en moi, ma raison est fatiguée, mes derniers jours approchent, et je n'ai accusé ni vous ni ma destinée. Vous étiez libres, vous pouviez être heureux, Mazaniel n'avoit-il pas assez vécu ? Je vais mourir cependant, et vous, mes amis, mes frères, vous pour qui je me suis dévoué, vous applaudirez à ma mort ! Quelques larmes s'échappèrent de ses yeux, le peuple s'émut et s'agita, le cardinal écoutoit en silence; mais Mazaniel : Voyez, dit-il, voyez ce que j'ai souffert pour vous ! A ces mots, il jette le crucifix, détache les aiguillettes de son habillement, et, se baissant, le visage tourné vers l'autel : Regardez, crie-t-il au peuple, regardez ce que je suis devenu. Un murmure d'indignation et de surprise tint lieu de réponse : deux prêtres emmenèrent ce misérable, et les saints offices furent achevés. Pendant ce temps, les émissaires d'Arpaya et de Génuino s'étoient glissés dans le cloître; ils appelèrent Mazaniel à haute voix. Mazaniel parut : Me voici, mon peuple, dit-il, que me voulez-vous? Tiens, scélérat, s'écria Ardizzone, et quatre coups d'arquebuse suivirent sa réponse. Mazaniel, percé de huit balles, chancela : Ingrats ! traîtres ! ingrats ! s'écria-t-il, et il tomba mort. Sa tête coupée fut promenée au bout d'une pique, son corps mutilé fut attaché à la queue d'un cheval furieux; un mouvement général se déclara contre celui qui naguère étoit l'idole de la multitude; mille coups frappèrent ses restes inanimés; l'incendie dévora sa maison; le fer poursuivit tous ceux qui lui avoient appartenu. Il falloit une vengeance à ce peuple, comme pour lui faire croire que ce n'étoit point lui qui avoit commis tant de crimes. La femme de Mazaniel pleuroit en silence; sa vieille mère prioit au fond d'une église : on les saisit, on les traîna par les cheveux au palais de la vice-reine, et la vice-reine en eut seule pitié. Le cardinal Filomarino demanda leur grace : il avoit le droit de l'obtenir, on la lui accorda; et, tandis qu'on les menoit en prison, elles virent devant elles le cadavre sanglant de leur époux, de leur fils, traîné sur les pavés brûlants, déchiré de coups, sans tête, presque sans forme humaine; le cardinal prononça le nom du Dieu Très-Haut : elles pleurèrent et se turent.

Le soir venu, l'on publia dans toute la ville la confirmation nouvelle des priviléges que Mazaniel avoit obtenus quatre jours auparavant; le vice-roi sortit en cérémonie, avec ses gardes, ses conseillers, son magnifique cortége. Par-tout où il passa, le peuple crioit avec fureur, Meure Mazaniel et vive le duc d'Arcos! meure, meure Mazaniel[1]!

Il y avoit dix jours que, la révolution commencée, Mazaniel avoit été plus qu'un roi : voilà le peuple et les révolutions populaires!

[1] Lettera del Carmelitano, fol. 10 et 11. Raccolta I di docum. mss.
Giraffi, p. 183 à 198.
De Santis, liv. IV, p. 145 à 149.
Modène, liv. I, ch. x, p. 155 à 162.
Nicolaï, liv. I, p. 87 à 91.

CHAPITRE VIII.

Négociations.

M. de Guise étoit à Rome depuis la moitié d'une année lorsque les nouvelles du soulèvement de Naples y arrivèrent. Rome a conservé de son ancienne splendeur une sorte de droit d'être en rapport avec tout ce qu'il y a de grand au monde : elle a trouvé dans l'indépendance de son prince et dans la continuelle paix de son gouvernement, une douceur d'habitudes et une facilité de mœurs qui contribuent merveilleusement à faire oublier la lenteur des affaires. Six mois étoient passés déja depuis que le duc de Guise avoit porté devant le tribunal de la Rote la demande et les moyens de cassation de son mariage ; la Rote ne répondoit point encore : on la pressoit, elle se retranchoit derrière ses formes solennelles d'instruction et de procédure. M. de Guise en parloit au pape qui ne vouloit rien prendre sur lui ; il en causoit avec les seigneurs et les dames Romaines qui le plaignoient, mais qui desiroient le voir rester long-temps à Rome : il écrivoit de nouveau pour que le tribunal prît une décision, et, pendant ce temps, les jours s'écouloient. Mais qui peut remplir les journées à Rome? l'ambition quand on est cardinal, et l'amour quand on ne l'est point. Les rivaux de M. de Guise prétendent que des amours passagers lui abrégèrent l'espéce d'exil où le condamnoit un véritable amour. A en croire ses propres récits, il ne s'occupa que d'affaires, de négociations dans l'intérêt de la France, du soin de faire obtenir au frère de Mazarin ce chapeau tant desiré, de la possibilité d'attacher tout-à-fait le pape à la cause et à la politique Françoise. Il réussit du moins pour ce qui étoit du cardinalat : l'archevêque d'Aix fut enfin désigné : le pape laissa même apercevoir quelques dispositions générales favorables à la France; mais, en ce moment même, une autre carrière, un avenir tout nouveau se présentèrent pour les souverains, pour les peuples d'Italie, pour le duc de Guise lui-même. Les récits de l'insurrection Napolitaine furent apportés d'abord par des lettres, puis par ceux des habitants de Naples qui fuyoient la fureur populaire. De jour en jour, d'heure en heure, ceux qui étoient libres encore expédioient à Rome des courriers; et, de Rome, on imprimoit à la hâte des bulletins pour le Piémont, on faisoit partir des officiers pour l'Espagne, on dépêchoit à Venise, à Munster, à Paris, pour donner les détails ou demander les instructions nécessaires. Cette grande nouvelle émut l'Europe entière. Le roi d'Espagne avoit déja perdu le Portugal et la Catalogne; une expédition tentée sur Orbitello par son ordre [1] avoit manqué. Il rappela de la rivière de Gênes onze galères qui mouilloient dans ces parages, fit mettre en mer trente vaisseaux qui se trouvoient dans les ports de la Méditerranée, et donna ordre sur ordre à D. Juan d'Autriche, son fils naturel, qu'il chargea d'aller réduire les mutins sous son obéissance [2]. Ses ministres à Rome, à Venise, à Munster atténuoient de toute leur force le bruit de la révolution nouvelle, et s'efforçoient d'armer en Flandre

---

[1] Dépêche interceptée du duc d'Arcos à don Louis Poderico du 29 juin 1646.

Proposicion del sen. don Juan en la junta del 1 octob. 1647. — Avvisi di Napoli del 1° ottobre. Raccolta II di docum. mss.

[2] Lettre de Vagnozzi, du 5 août 1648. Raccolt. II di docum. mss. — Dépêche de l'abbé de Saint-Nicolas à M. de Grémonville, du 3 août 1647. — Dépêche de M. de Brienne à l'abbé de Saint-Nicolas, du 23 août 1647.

les ennemis de la France. Mais l'Italie n'étoit pas dans une position simple. Le grand-duc de Toscane, prince d'un caractère doux et paisible, mais *homme d'honneur et de parole avant tout*[1], demeuroit, il est vrai, engagé avec l'Autriche et par conséquent avec l'Espagne. Mais le duc de Modène hésitoit[2]: Venise, occupée de la guerre de Candie, ne voyoit pas sans une secrète joie l'affoiblissement d'une puissance qui lui avoit inspiré tant d'ombrage[3]. Le pape, qui s'étoit montré tous les jours plus partial en faveur de l'Espagne[4], et qui, par sa nature et par son génie, étoit également éloigné de la guerre, des embarras et de la dépense[5], mettoit maintenant un continuel effort à demeurer neutre, et, suivant l'expression de mon-

---

[1] Dépêche mss. de l'abbé Bentivoglio au cardinal Mazarin, du 11 mai 1646. Raccolta I di docum. mss.

[2] Dépêches de l'abbé de Saint-Nicolas à M. de Grémonville, du 11 août 1647;—de M. de Grémonville à M. l'abbé de Saint-Nicolas, du 17 août 1647.

[3] Nani, liv. IV, tom. II, p. 145 et suiv. — Daru, tom. IV, liv. III, p. 513 et suiv.

[4] Dépêche mss. de l'abbé Bentivoglio au cardinal Mazarin, du 1" mai 1646.

[5] Dépêche en chiffres du cardinal Grimaldi à M. de Brienne, du 30 mai 1646.

signor Bentivoglio, s'embrouilloit dans cette bénite neutralité[1]. C'étoit à la France qu'il appartenoit sur-tout de tirer parti de cette révolution naissante. Il faut voir comment on essaya d'en conduire l'entreprise.

La France avoit alors pour ambassadeur à Rome ce même marquis de Fontenay dont nous avons déja parlé; l'abbé de Saint-Nicolas s'y trouvoit envoyé extraordinaire; l'archevêque d'Aix, frère du cardinal Mazarin, y étoit le véritable dépositaire des secrets diplomatiques. Pierre Mazarin, son père, donnoit des avis comme s'il eût été ministre du roi; et, au milieu d'eux tous, le duc de Guise tourmentoit l'ambassadeur[2], délibéroit avec les cardinaux, causoit avec Pierre Mazarin, parloit d'affaires au pape[3], écrivoit à mademoiselle de Pons des lettres d'amour, à Mazarin des billets

[1] Dépêche en chiffres de l'abbé Bentivoglio au cardinal Mazarin, du 6 mai 1646.

[2] Dépêche de l'abbé de Saint-Nicolas au cardinal Mazarin, du 6 mai 1647. — Dépêche du cardinal Mazarin à l'abbé de Saint-Nicolas, du 16 juin 1647. — Dépêche de l'abbé de Saint-Nicolas au cardinal Mazarin, du 23 mai 1647. — De M. de Brienne à l'abbé de Saint-Nicolas, du 30 mai 1647. — Note sur la dépêche du 13 juin 1647. — Négociations de Saint-Nicolas, tom. V, p. 177.

[3] Mémoires de M. de Guise, liv. I, p. 1 et suiv.

128 LE DUC DE GUISE A NAPLES,

d'amitié ¹, et vivoit de romanesques projets, en attendant de plus romanesques aventures.

Au nombre de ces projets, avoient successivement été une expédition sur l'île de Lipari², un armement contre les Turcs³, une campagne contre les Espagnols⁴. Les ennemis lui étoient aussi indifférents que les dangers; mais il lui falloit des dangers, des ennemis, un emploi de son courage; et l'épée du grand Guise lui sembloit lourde, tant qu'elle étoit dans le fourreau. Les nouvelles de Naples arrivèrent; et d'abord il songea que Naples avoit besoin d'un roi, qu'un roi pourroit sans contrainte épouser mademoiselle de Pons, et il se souvint qu'il descendoit d'Yolande d'Anjou, fille du roi René de Naples et de Sicile. On eût dit que ses droits étoient une excuse offerte à son amour. Il vit, d'un coup d'œil, les ministres de France incertains, le pape embarrassé, Mazarin dans le doute, le prince Thomas de Savoie, ou le prince de Conti, prêts à le supplanter, par-tout des obstacles; alors

¹ Lettres mss. du duc de Guise, des 10 et 17 décemb. 1646.

² Dépêche de l'abbé de Saint-Nicolas au cardinal Mazarin, du 13 mai 1647.

³ Lettera mss. del Vagnozzi à S. E. adi 1ᵉʳ luglio 1647.

⁴ Dépêche de l'abbé de Saint-Nicolas au cardinal Mazarin, du 11 janvier 1647.

il revint à la pensée de mademoiselle de Pons, et il ajouta en soupirant: Il y a pourtant là une couronne!

Tout ce qu'il avoit prévu arriva. Depuis deux ans, les ministres de France à Rome ne cessoient d'insister pour que l'armée navale attérît sous les rivages de Pouille ou de Calabre [1], et, jusques à ce jour, l'apparition de la flotte ne produisoit aucun effet. Il n'y avoit rien à attendre de Mazarin ni de la reine, qui n'avoient considéré long-temps les affaires d'Italie que comme une diversion essayée par les Espagnols dans le seul but d'assurer la défense de la Catalogne [2], et qui ne portoient encore dans ces grandes tentatives qu'une résolution chancelante [3]. Quant au pape, qui rêvoit sans cesse la pacification universelle [4], et ne pouvoit

---

[1] Avvisi mss. di Roma, a di 6 luglio 1647.
Dépêche mss. du card. d'Est au card. Mazarin, du 8 juillet 1647.
Dépêche mss. de l'arch. d'Aix au card. Mazarin, du 12 juillet 1647.
Dépêche en chiffres du cardinal Grimaldi au cardinal Mazarin, du 28 mai 1646.
Dépêche en chiffres de M. de Fontenay au cardinal Mazarin, du 22 juillet 1647.

[2] Dépêche mss. du cardinal Mazarin à l'archev. d'Aix, du 27 mai 1647. Raccolta I di docum. mss.

[3] Dépêche mss. du card. Mazarin à M. de Fontenay, du 13 août 1647.

[4] Lettre mss. de Vagnozzi, du 20 juillet 1647, fol. 4.
Avis secrets mss., du 13 août 1647.

arriver à mettre la paix dans sa cour, les premières nouvelles de la révolution de Naples venoient de lui révéler une ambition oubliée depuis long-temps par ses prédécesseurs. Il ne parloit plus que de ses droits, tantôt en prétendant que, durant la guerre, on lui remît Piombino dans les mains, comme on avoit jadis offert Casal à Urbain III, et confié la Valteline à Grégoire XIV[1], tantôt en soutenant qu'il avoit à revendiquer la suzeraineté du royaume de Naples[2]. Dans les Maremnes de Toscane, le prince Thomas de Savoie, qui commandoit l'armée Françoise, avoit dès long-temps formé sur Naples des projets qu'une si belle occasion devoit l'inviter à reprendre. A la cour, s'élevoit le prince de Conti, souverain désigné de plus d'un royaume, qui les mérita tous, et n'eut que cette gloire. Il auroit donc fallu, tout à-la-fois, décider Anne d'Autriche, entraîner Mazarin, tromper les ministres François, arrêter le prince Thomas de Savoie, éloigner le prince de Conti, désintéresser le souverain pontife : tout cela fait, il eût fallu lever une armée, créer un

---

[1] Dépêche en chiffres au cardinal Mazarin, du 22 juillet 1647.

[2] Dépêche en chiffres de l'abbé Bentivoglio au cardinal Mazarin, des 28 et 29 mai 1646.

CHAPITRE VIII. 131

trésor, acquérir un peuple étranger : et, tout cela fait encore, il falloit détourner le cours d'une révolution, conquérir un royaume, vaincre l'Espagne, et triompher de ses vieilles bandes.

M. de Guise regarda au loin, et reconnut tous ces dangers; il regarda près de lui, il y vit quelques gentilshommes, des estafiers et des chevaux de suite, deux mille pistoles pour ses plaisirs, une armure dorée pour les carrousels. Mais sur cette armure étoient les armes de celui qu'en Espagne, en Italie, on appeloit encore le grand capitaine de Guise[1]; et il promit à ce grand capitaine d'être digne de lui. Mais sur ces livrées étoient les couleurs de mademoiselle de Pons, et la pensée de s'éloigner encore d'elle sembloit tenir en suspens son courage. On lui remit une lettre venue de France, de la cour, une lettre de la main de mademoiselle de Pons. Gabrielle rappeloit son amant; elle s'indignoit de cette longue absence, soupçonnoit une infidélité, et réclamoit avec hauteur, ou sa parole qu'elle avoit engagée, ou la parole que Henry de Lorraine avoit donnée d'un prompt retour[2].

---

[1] Brantôme, Vie des hommes illustres et capitaines françois, tom. II, disc. LXXVIII, p. 178 et 179.

[2] Modène, II.ᵉ part., ch. v, tom. II, p. 72 et 75.

Elle écrivoit comme une femme qui n'a point d'amour écrit à l'homme dont elle est aimée. M. de Guise s'arrêta, les yeux fixés sur cette lettre, la main posée sur une carte de Naples, immobile et silencieux. En ce moment le baron de Modène entra dans son appartement.

Le baron de Modène étoit un homme d'esprit, de courage et de naissance, un peu astrologue, un peu diplomate, parent d'Anne de Gonzague [1], et qui s'étoit dès long-temps attaché au duc de Guise. M. de Guise disoit que Modène étoit gentilhomme de sa chambre [2]; le baron prétendoit n'être que son ami [3]. Tel étoit l'usage de ce temps-là : les gens les plus qualifiés s'attachoient aux princes, les simples gentilshommes aux grands seigneurs. Montrésor disoit qu'il étoit domestique de M. le prince de Condé, le maréchal d'Ancre, qu'il avoit l'honneur d'être à la reine Marie de Médicis, Chavigny, qu'il appartenoit à M. le cardinal de Richelieu. C'étoit, comme dans nos anciennes coutumes Fran-

---

[1] Dépêche de M. de Cérisante à l'abbé de Saint-Nicolas, du 17 décembre 1647. Négociations de M. l'abbé de Saint-Nicolas, tom. V, p. 342.

[2] Mémoires de M. de Guise, liv. I, p. 16.

[3] Modène, II.ᵉ part., tom. II, p. 69.

çoises, une sorte de vasselage volontaire, fondé sur l'échange de l'indépendance du plus foible contre la protection du plus fort, et personne ne manquoit jamais à cet engagement réciproque. Le baron de Modène venoit de recueillir les détails les plus précis de l'insurrection Napolitaine. Les pêcheurs d'Ischia, les matelots de Pouzzole ou de Castellamare, qui remontent le Tibre jusques à Ripa-Grande, pour apporter dans Rome leurs pastèques, leurs raisins et leurs oranges, racontoient à haute voix le soulèvement de Naples et la défaite des Espagnols. Parmi ces matelots, étoit un frère de Perrone, lieutenant de Mazaniel, et ce frère alloit repartir sous peu d'heures. Le baron de Modène l'avoit vu, il lui avoit parlé, il savoit que des émissaires envoyés de Naples étoient déjà venus trouver l'ambassadeur de France. Quelle occasion se présentoit! et quelles circonstances plus heureuses pouvoient s'offrir [1]? Guise écouta le baron de Modène d'un air distrait d'abord, puis attentif, puis il prit la parole, et lui montra qu'il avoit tout prévu, tout calculé d'avance. Le frère de Perrone partit le soir même, avec des instructions suffisantes. A quelques jours de là, deux émissaires

---

[1] Modène, II⁰ part., ch. v; tom. II, p. 78 et suiv.

Italiens le suivirent par la route de Terracine, un François par la voie de mer, un autre par le versant oriental des Apennins[1]. On dressa des instructions, on rassembla de l'argent; les difficultés avec l'ambassadeur furent aplanies; un nouvel effort tenté près du pape arracha définitivement à son incertitude ce chapeau refusé si long-temps au frère de Mazarin[2]; on caressa les ministres de France sans leur tout dire, sans leur tout cacher; on se mit bien avec les cardinaux, sur un bon pied avec la noblesse. Le duc de Guise croyoit avoir réconcilié l'ombre de ses pères avec mademoiselle de Pons : il alloit conquérir une couronne pour elle.

Toutefois, cette couronne étoit difficile à saisir. Les Espagnols la défendoient, les Napolitains ne l'offroient pas, et la France hésitoit à se prononcer encore. L'insurrection, ressuscitée aux funérailles de Mazaniel[3], embrasoit, il est vrai, Na-

---

[1] Mémoires de M. de Guise, liv. I, p. 18 et suiv.

[2] Mémoires de M. de Guise, liv. I, p. 16 et suiv.

[3] Nicolaï, liv. II, p. 95. — De Santis, liv. IV, p. 149 et suiv. — Modène, liv. I, ch. II, p. 179 et suiv. — Lettera mss. del Carmelitano, fol. 11 et suiv.

ples[1], Capoue, Salerne, Averse[2], quarante autres villes, et la moitié du royaume : le peuple, il est vrai, voulait venger Mazaniel, et rejeter à jamais le fardeau des gabelles Espagnoles; mais le nom de Mazaniel rappeloit-il celui de M. de Guise? Mais les meneurs du peuple, ceux qui avoient fait périr Joseph Caraffa, pour rendre la révolte irréconciliable[3], n'avoient-ils pas d'autres projets? et ne couroit-on pas plus de risques de voir Naples tomber dans une république populaire que de voir un trône s'y élever au milieu des combats[4]?

D'un autre côté, l'on ne pouvoit se dissimuler que l'Espagne étoit en état de résister encore; le siége de Lérida venoit d'être levé : la Catalogne pouvoit être reprise[5]; à Rome et dans Munster, les Espagnols assuroient que Barcelonne étoit ren-

[1] Relazione de nuovi rumori di Napoli suscitati a di 21 luglio. Raccolta II di documenti.

[2] Lettre mss. de Vagnozzi, du 15 juillet 1647. — Note mss. de M. de Fontenay, du 3 août 1647. — Lettre mss. de Charles Vignarolo à M. de Fontenay, du 10 août 1647.

[3] Dépêche mss. de M. de Fontenay au cardinal Mazarin, du 19 juillet 1647.

[4] Lettre mss. de Macarani, du 3 août 1647.

[5] Dépêche mss. de l'abbé Bentivoglio au cardinal Mazarin, du 18 juillet 1647.

due¹, Landrecies tombé, Mazarin en fuite²; et l'Italie, habituée à la domination Espagnole, adoptoit sans trop d'examen ces nouvelles. Le duc d'Arcos, affectant à Rome une tranquillité complète, demandoit au pape l'absolution du trouble que la révolution de Naples avoit apporté dans l'exercice de la juridiction ecclésiastique³, tandis que le comte d'Ognate donnoit des repas pour célébrer la pacification du royaume, et se promenoit au cours avec quatre cardinaux Espagnols dans sa voiture de cérémonie⁴. Rome est d'ailleurs une ville soumise, où l'obéissance est dans les mœurs, où l'on aime le repos, parceque le repos c'est l'indépendance, où l'on respecte tant les cardinaux, qu'on est obligé de respecter le pouvoir royal encore davantage; et, bien que Terracine et les villes frontières fussent pleines de Napolitains fugitifs⁵, bien

---

¹ Lettre mss. de Vagnozzi, du 5 août 1647.

² Dépêche mss. de M. de Fontenay au cardinal Mazarin, du 12 août 1647. — Dépêche de l'abbé de Saint-Nicolas à M. de Grémonville, du 3 août 1647.

³ Lettre mss. de Vagnozzi, du 29 juillet 1647, fol. 3.

⁴ Lettre mss. de Mugnési, du 22 juillet 1647.

⁵ Lettre mss. de G. Mugnési, du 15 juillet 1647.

Id., du 22 juillet 1647.

Lettre de Vagnozzi, du 20 juillet 1647.

CHAPITRE VIII. 137

que les ministres de France répétassent sans cesse les rapports qui leur étoient adressés, bien que Rome soit la ville d'Italie où ce qui se passe à Naples doit être le mieux connu, les Romains mêmes avoient de la peine à croire qu'un peuple eût pu se révolter contre son roi. Ils en attendoient les nouvelles, non pas avec cette impatience françoise qui devance les courriers, devine les dépêches, et ne compte déja plus pour rien ce qu'elle vient d'apprendre, mais avec autant d'intérêt qu'ils en auroient mis à quelque secrète intrigue ou à quelque belle histoire.

Quant aux ministres François, ils dépêchoient lettres sur lettres à la cour; ils demandoient sans cesse comment il falloit agir, car la France n'étoit décidée encore ni sur la nature des secours qu'elle donneroit aux Napolitains, ni sur le parti qu'elle en voudroit tirer, ni sur le chef qu'elle devroit mettre à leur tête. Une égale incertitude sembloit donc devoir arrêter par-tout tous les efforts.

Mais Henri de Lorraine n'étoit pas homme à reculer devant ce qui n'étoit que difficile; et, pendant que la France, l'Espagne, et l'Italie restoient en suspens et en incertitude, ses émissaires alloient à Naples proposer ou suggérer aux chefs populaires la pensée d'appeler M. de Guise au milieu de la révolution Napolitaine : et ces mêmes chefs populaires, qui ne calculoient que pour eux, députoient à Rome d'autres députés et d'autres messages. Naples avoit alors un nouveau capitaine-général, François de Toralto, prince de Massa, déja cité dans cette histoire, depuis long-temps cher au peuple, toujours fidèle au roi d'Espagne, et qui n'avoit accepté le périlleux honneur de remplacer Mazaniel que pour rendre plus assurément au roi son pouvoir et au peuple son repos[1]. François de Toralto ne négocioit pas lui-même : il ne l'auroit pas pu : un chef de révoltés dépend de la confiance qu'il inspire au dernier de ses partisans ; mais il laissoit négocier, et c'en étoit assez pour que les véritables chefs révolutionnaires, inquiets de leur avenir, ou plutôt de leur châtiment, hâtassent de tous leurs efforts l'événement, quel qu'il fût, qui devoit les arracher à la vengeance Espagnole. Ainsi, les négociations se croisoient à Naples comme à Rome ; Cieco d'Arpaya et Perrone traitoient avec le duc de Guise ; Gennaro Annèse et

---

[1] Nicolaï liv. III, p. 116 et suiv. — De Santis, liv. V, p. 191 et suiv. — Modène, liv. I, ch. XII, p. 203 et suiv.

Luigi del Ferro avec le pape et le marquis de Fontenay [1]; les confidents de François de Toralto avec ceux de l'abbé Basqui, prélat Romain, ami de M. de Guise, et créature du cardinal Mazarin. Quelques extraits de leurs correspondances donneront une idée assez curieuse de tant d'intrigues croisées, de tant de mouvements contraires l'un à l'autre.

[1] Modéne, II° part., ch. xii, p. 203 et suiv.

CHAPITRE IX.

Correspondance.

Le marquis de Fontenay à M. le cardinal Mazarin.

Rome, le 15 septembre 1647.

Monseigneur,

J'avois eu l'honneur de rendre compte à votre Éminence que, depuis les révolutions survenues à Naples, un homme m'étoit venu trouver de la part de Genuino, de Thomas Aniello et des autres chefs, pour proposer à moi que Naples se mît sous l'obéissance du roi, à la seule condition de conserver ses priviléges, ce à quoi j'avois consenti; mais que Thomas Aniello étant mort, il étoit retourné pour voir si toutes choses étoient au même état [1]. — Des avis, que j'ai reçus depuis son

[1] Dépêche en chiffres de M. de Fontenay au cardinal Mazarin, du 22 juillet 1647.

départ, m'apprennent que la confusion augmente en cette ville de moment en moment. Les écoliers de l'université se sont révoltés sous le prétexte que les droits établis pour le doctorat sont trop élevés, et demandent qu'on les rétablisse au taux fixé par les rois Aragonois : c'est un peu moins de moitié du taux actuel. Les pauvres, à la porte des églises, réclament, le flambeau dans la main, les aumônes qu'ils soutiennent que la reine Jeanne a ordonné de leur distribuer chaque jour. L'argent a disparu par-tout, les banques sont célées, le Mont-de-Piété même est fermé, et quelques railleurs de la multitude ont fait un placard où ils disent que c'est à cause que quatre des intéressés ont fait banqueroute, à savoir : le Saint-Esprit, le Sauveur, le peuple et saint Jacques des Espagnols [1]. — Ce peuple est en des défiances telles qu'il ne peut quitter un moment les armes sans les reprendre aussitôt; mais il ne saura y demeurer long-temps, s'il ne chasse tout-à-fait les Espagnols de Naples, ce qui m'a obligé à tenter toutes sortes de voies pour leur faire comprendre qu'ils n'auront guère gagné en se faisant décharger des impositions, s'ils ne font ce qui est nécessaire pour

---

[1] Note mss. de M. de Fontenay, du 3 août 1647.

se maintenir en cette liberté ; — qu'ils resteront en un danger pressant tant qu'ils laisseront les Espagnols maîtres des châteaux ; — enfin, qu'ils ne peuvent attendre un autre remède que d'imiter l'exemple des Catalans et des Portugais, en quoi ils seront appuyés de l'armée navale, et, s'il le faut, de toutes les forces de France. — Le mercredi, vers les dix heures du soir, un Napolitain, appelé Lorenzo Tonti, me vint faire visite, qui me dit que les Napolitains, après avoir pris les armes sans aucun dessein de se départir de l'obéissance du roi d'Espagne, s'étoient enfin résolus de rompre tout-à-fait avec lui, et de changer de maître ; — qu'un conseil de onze personnes, à qui l'on avoit remis l'autorité, depuis la mort de Mazaniel, l'envoyoit pour m'annoncer qu'ils étoient résolus de se donner au roi sous trois conditions : que ledit seigneur roi voulût les maintenir dans leurs priviléges, envoyer une armée de terre et de mer qui pût les soutenir, et promettre, quand les François seroient les maîtres, qu'ils ne baiseroient pas les femmes, ce que je jugeai devoir entendre du premier baiser seulement[1]. — J'ai dit à ce

Dépêche en chiffres de M. de Fontenay au cardinal Mazarin, du 4 août 1647.

CHAPITRE IX. 143

Tonti que la reine étoit prête d'assister les Napolitains de tout son pouvoir, sans les obliger à rien, et en leur laissant la liberté, soit de se mettre en république, soit de choisir le prince qu'ils voudroient pour souverain. Il m'a répondu que, la chose bien débattue, on s'étoit accordé à penser qu'on ne pouvoit se soumettre qu'au roi de France, et qu'outre les impôts habituels on donneroit, tous les ans, à sa majesté un million d'or de don extraordinaire[1]. — Les Napolitains ont fait, dans leur dernière émotion, beaucoup plus que dans la première, sous Mazaniel, car ils ont tué tous les Espagnols, attaqué la noblesse, et ne crient plus, Vive le roi! comme ils en avoient coutume[2]. J'insiste maintenant pour qu'ils se déclarent et s'emparent des châteaux[3]. Et, quoiqu'ils prétendent ne pouvoir rien faire avant que l'armée navale de France arrive dans ces parages, on me fait espérer que, si elle avance seulement jusques à Piombino, ils fini-

[1] Dépêche en chiffres de M. de Fontenay au cardinal Mazarin, du 19 août 1647.

[2] Dépêche en chiffres de M. de Fontenay au cardinal Mazarin, du 2 septembre 1647.

[3] Dépêche en chiffres de M. de Fontenay au cardinal Mazarin, du 9 septembre 1647.

ront par prendre courage. Leur nouveau général, François de Toralto, pourroit bien n'être pas intentionné pour la France; mais les envoyés disent qu'ils n'en ont aucune inquiétude, et qu'il suffit d'un jour pour lui ôter sa popularité aussi bien que d'un homme pour le mettre hors d'état de nuire [1]. — Je supplie votre Éminence de me faire connoître promptement les intentions de la reine. M. l'abbé de Saint-Nicolas s'est donné l'honneur d'entretenir votre Éminence des pensées de M. le duc de Guise sur ce sujet. M. de Guise s'est mis dans la tête que les Napolitains le pourront choisir pour leur roi, comme descendant de la maison d'Anjou, et m'est venu communiquer les avis qu'il a, et l'espérance qu'on lui donne de pouvoir être bientôt appelé en ces lieux-là pour y commander. Il croit la chose si faisable, parcequ'il la desire, qu'il ne considère rien, et ne prend conseil de personne. — Mais il me semble, quant à moi, que je me résoudrois difficilement à prendre assurance en ces gens-là. — Il me semble aussi que M. de Guise, n'étant point connu en ce pays, et ne pouvant leur donner nulle pro-

---

[1] Dépêche en chiffres de M. de Fontenay au cardinal Mazarin, du 16 septembre 1647.

CHAPITRE IX. 145

tection, puisqu'il est, au contraire, obligé de la tirer de la France. Il y a bien de l'apparence, si ces personnes eussent été réellement envoyées par les premiers de la ville, qu'elles seroient venues, d'abord, parler avec moi, tandis qu'au contraire ceux qui traitèrent pour cette affaire ne m'ont jamais parlé dudit seigneur duc. — Nonobstant cela, je n'ai point voulu désapprouver son dessein, et crois que votre Éminence ne le désapprouvera pas aussi [1], car on ne trouvera jamais une conjoncture plus favorable pour entreprendre sur Naples [2], et ce seroit un coup mortel à la monarchie d'Espagne si nous lui pouvions ôter ce royaume [3]. — Je joins ici, conformément aux ordres de votre Éminence, la note d'environ deux cent cinquante pistoles de frais extraordinaires faits par M. l'archevêque d'Aix et par moi, et prions votre Éminence de vouloir bien donner les ordres nécessaires au paiement [4].

---

[1] Dépêche en chiffres de M. de Fontenay au cardinal Mazarin, du 18 septembre 1647.

[2] Dépêche de l'abbé de Saint-Nicolas à M. de Grémonville, du 13 juillet 1647.

[3] Id., du 3 août 1647.

[4] État fourni par M. de Fontenay, le 12 août 1647.

*L'archevêque d'Aix à M. le cardinal Mazarin,
son frère.*

Rome, le 18 septembre 1647.

Les affaires de Naples sont encore dans la révolution, et croit-on communément que les Espagnols ne les ajusteront pas facilement, ni de la manière qu'ils publient. J'ai reçu sur ce sujet un mémoire de M. de Guise que je vous envoie [1], et m'en remets sur ce qu'il vous apprendra [2].

Le cardinal Mazarin à M. le duc de Guise.

Amiens, le 7 octobre 1647.

Monsieur, leurs Majestés ont extrêmement loué votre zèle..... voyant qu'en quelque lieu que vous soyez le bien de leur service est toujours votre principale occupation ; — mais elles croient ne pouvoir mieux correspondre à votre affection qu'en modérant la généreuse ardeur qui vous porte à prodiguer une personne de votre consi-

---

[1] Éclaircissements, n° 4.
[2] Dépêche de l'archevêque d'Aix au cardinal Mazarin, du 18 septembre 1647. Mémoires de M. de Guise, p. 31.

dération... Et, en mon particulier, je me démentirois moi-même dans la profession que je fais d'être votre très humble serviteur, si je ne vous représentois librement, en cette occasion, ce que je crois être de votre plus grand avantage.—Je prendrai donc la confiance de vous dire que, si ce que vous proposez étoit en tel état que vous puissiez être assuré d'y réussir, je serois le premier à vous conseiller de l'entreprendre, et LL. MM. seroient ravies de vous en faciliter l'exécution; dès à présent, on a écrit à M. le bailli de Vallançay, qui est dans l'armée navale du roi, afin qu'il essaie de vous servir selon les avis qu'il aura de vous; et, au lieu que l'on hésitoit à entretenir cet hiver des vaisseaux armés, on a résolu déterminément de faire cette dépense;—mais, à dire le vrai, il ne semble pas que le fruit soit encore mûr; et si la prudence veut qu'on prenne ses sûretés,..... c'est sur-tout avant que de s'engager avec une populace inconstante qui change du soir au matin.—Leurs Majestés ont d'autant plus d'intérêt à ne pas souffrir que vous vous sacrifiiez ainsi, que tout le blâme du mal qui vous pourroit arriver de cette manière rejailliroit sur elles.—Il vaut mieux, en toute affaire, ne point tenter les choses que de les hasarder, et sur-tout de les manquer... C'est pourquoi je vous supplie, du fond de mon cœur, d'examiner toutes choses avec monsieur l'ambassadeur, qui, ayant de son côté des négociations sur le même fait, vous peut donner beaucoup de lumières pour la résolution que vous avez à prendre; vous conjurant, au surplus, de recevoir la franchise avec laquelle je vous écris pour une marque certaine de la sincère et ardente passion avec laquelle je suis, monsieur, votre bien obéissant et bien affectionné serviteur [1],

LE CARDINAL MAZARINI.

Le cardinal Mazarin à M. l'archevêque d'Aix.

Amiens, 17 octobre 1647.

Le courrier du duc de Guise m'a rendu votre lettre en même temps que les ordinaires m'en apportent deux autres. J'avois vu déja, le mois dernier, un homme à lui, qui m'étoit venu rendre compte, en son nom, du traité qu'il dit avoir avec le peuple et de l'espérance qu'il a, tout d'abord,

[1] Dépêche du cardinal Mazarin au duc de Guise, du 7 octobre 1647. Raccolta I di docum. mss, p. 94 et suiv.

CHAPITRE IX. 149

d'être élu pour général, ce pourquoi il demandoit l'assentiment de S. M., promettant de n'agir que pour le bien de son service. M. l'ambassadeur, qui m'en écrivit en même temps, pensoit que M. de Guise pourroit bien se tromper : pour moi, je pense aussi qu'il se laisse aller trop facilement à son desir[1], et, dans le fait, il me paroît difficile que tout le peuple de Naples, d'un commun accord, ait appelé M. le duc de Guise en la manière qu'il dit, d'autant plus que les derniers avis portent que les troubles s'étoient un peu apaisés en cette ville[2]; mais il seroit possible, selon l'expression de Vagnozzi, que ce fût le calme qui annonce la rechute dans les maladies[3]. On ne peut porter un jugement assuré sur les résolutions d'un peuple extravagant qui ne sait encore ce qu'il veut, et à qui, certes, il est malaisé de faire quitter les armes quand il a une fois goûté les douceurs du libertinage[4]. Qu'il en soit donc ce que M. de Guise voudra; peut-être aura-t-il un jour quelque peine

---

[1] Dépêche mss. du cardinal Mazarin au cardinal Grimaldi, 9 septembre 1647.

[2] Id. mss. à l'archevêque d'Aix, du 17 octobre 1647.

[3] Lettre mss. de Vagnozzi à Ondedeï, du 16 septembre 647.

[4] Dépêche mss. du card. Mazarin à M. de Fontenay, du 28 août 1647.

à se tirer de la position où il va se mettre; mais, à coup sûr, la France ne peut y trouver que des avantages [1]. On auroit pu, en attendant, se faire honneur auprès du pape, et à peu de frais, par une offre que je sais bien qu'il n'acceptera pas, qui est de l'assister des forces de cette couronne en nombre suffisant pour, avec les siennes, recouvrer le royaume de Naples, qui appartient à l'Église [2]. J'en écrivis à M. de Fontenay, avec qui vous consulterez ce qui se doit faire, en cas que cela puisse avancer la promotion et le chapeau qui vous est promis. Et sur ce, je demeure, etc., etc.

Agostino del Lieto à M. le duc de Guise, son maître.

Naples, 25 octobre 1647.

MONSEIGNEUR,

Je suis arrivé encore cette fois à Naples, non sans quelques risques de courir la même fortune que Paulucci [3], Sarret ou Perrone [4], mais avec

[1] Dépêche mss. du card. Mazarin au card. Grimaldi, du 9 sept. 1647.
[2] Dépêche mss. du card. Mazarin à M. de Fontenay, du 21 sept. 1647.
[3] Il avoit été pendu. — De Santis, liv. VI, p. 245.
[4] Il avoit été assommé. — Modène, tom. II, ch. VI, p. 97 et suiv.

CHAPITRE IX.

grande confiance en la protection de votre Altesse Sérénissime, et grande résolution de remettre les lettres dont elle m'avoit chargé[1]. M. l'ambassadeur de France en avoit également envoyé qui ont bien coûté la tête à quelques uns de ceux qui auroient pu servir[2]; mais ce n'étoit pas là ce qui causoit ma peine : bien plutôt étoient-ce les mauvaises intentions de D. François de Toralto, capitaine-général du peuple, qui, tantôt pratiquant les chefs des quartiers[3], tantôt faisant au peuple des harangues, ce à quoi il s'entendoit mieux que personne, essayoit, par tous les moyens possibles, de remettre cette ville sous l'obéissance Espagnole[4], et aussi l'arrivée de D. Juan d'Autriche, qui, le premier de ce mois, vers les deux heures après midi, jeta l'ancre dans le port avec une flotte de trente-cinq vaisseaux. Peut-être, si ces deux hommes eussent pu s'entendre, toutes les affaires seroient-elles terminées ici; mais, dès que les navires d'Espagne eurent paru en vue de la ville, le

---

[1] Mémoires de M. de Guise, liv. I, p. 47.

[2] De Santis, liv. VI, p. 268.

[3] Lettre mss., du 13 octobre 1647. Raccolta di docum. mss.

[4] Dépêche de M. l'abbé de Saint-Nicolas à M. de Grémonville, du 13 août 1647.

peuple reprit les armes, et surveilla plus attentivement François de Toralto, à qui l'on ne peut pardonner ni d'avoir été Espagnol, ni de porter des armoiries écartelées d'Aragon[1]. D. Juan d'Autriche resta dans sa galère, annonçant qu'il n'en vouloit descendre que s'il trouvoit la ville soumise, et si le don promis d'un million d'or étoit d'abord effectué. Le peuple lui envoya les présents ordinaires de vin et de confitures, mais sans le prier de venir à terre. Là-dessus, les négociations s'ouvrirent. Le vice-roi essaya de gagner les capitaines des quartiers[2]. D. Vincent de Tuttavilla, lieutenant-général au service d'Espagne, et qui commande sous D. Juan, tenta de réussir par la force. François de Toralto chercha les moyens de ramener les esprits. Tout fut inutile. Le peuple arbora l'étendard noir, comme signe d'une défense désespérée, enleva de l'église des Carmes le crucifix miraculeux qu'on y adore, les statues de la Vierge et de sainte Brigitte, et les plaça au milieu du marché, pour être plus assurément sous

---

[1] De Santis, liv. VII, p. 308.

[2] Dépêche en chiffres de M. de Fontenay au cardinal Mazarin, du 8 octobre 1647.

Note mss. du 1" octobre 1647. Racc. II di docum., n° 92.

CHAPITRE IX. 153

la protection divine¹. Les Espagnols s'emparèrent d'une partie des postes, qu'ils occupent en ce moment². François de Toralto fut massacré il y a trois jours³, et un nommé Gennaro Annese, armurier de profession, capitaine d'une des compagnies populaires, et qui n'étoit pas un des moindres ennemis de François de Toralto, a été choisi pour capitaine-général, en sa place. C'est avec ce Gennaro Annese que j'ai dû traiter, et à lui que j'ai communiqué les lettres et propositions de votre Altesse Sérénissime; et, bien que j'eusse quelque répugnance à le faire, l'exemple de M. de Fontenay, qui lui écrivit hier pour l'assurer du secours de la France, m'a dû déterminer⁴. J'ai été fort secondé en tout ceci par D. Luigi del Ferro⁵;

---

¹ Lettre mss. de Naples, du 8 octobre 1647. Raccolta I di documenti, p. 99 et suiv.

Lettre mss., du 9 octobre 1647. Ibid., p. 103 et suiv.

Lettre mss., du 13 octobre 1647. Ibid., p. 107 et suiv.

² Copia di lettera di Napoli, del 8 ottobre 1647. Raccolta II di docum., n° 93.

³ De Santis, liv. VII, p. 306 et suiv. — Mémoires de M. de Guise, liv. I, p. 48.

Nicolaï, liv. IV, p. 295.—Modéne, tom. I, ch. XXVII, p. 365 et suiv.

⁴ Dépêche de M. de Fontenay à Gennaro Annese, du 22 octob. 1647. Raccolta I di docum. mss., p. 101 et suiv.

⁵ De Santis, liv. VI, p. 282.

neveu de M. le cardinal Baronio [1], et bien connu de votre Altesse Sérénissime, qui a fait, le premier ici, montre d'un portrait du roi de France, disant qu'il étoit bon d'accoutumer le peuple à connoître ceux qui lui doivent commander. J'ai pratiqué également Marc-Antoine Brancaccio, vieux capitaine fort expérimenté, que le peuple a choisi pour l'emploi de mestre-de-camp général auprès d'Annese, et l'ai amené à servir tous les intérêts de votre Altesse Sérénissime. Ce que mon beau-frère, Lorenzo Tonti, avoit déja fait pour elle étoit si considérable, les intelligences qu'il avoit dressées ont été si bien conduites, et l'assistance que nous a prêtée en tout ceci Giuseppe Palombo a été si efficace, que les chefs de ce peuple ont été persuadés que l'ambassadeur n'avoit à Rome d'autre pensée que de servir votre Altesse Sérénissime, et que le seul moyen d'acquérir, à tout jamais, l'appui de la France étoit de se mettre, tout-à-fait, dans les mains de monsieur le duc de Guise [2]. La chose étoit malaisée en elle-même, car ils étoient d'abord bien partagés d'o-

---

[1] Lettre mss. de M. Board à M. de Saint-Sauveur, du 30 octob. 1647. Racc. II di docum. mss.

[2] Mémoires de M. de Guise, liv. I, p. 37 et 49.

pinions, les uns se voulant donner au pape, les autres à la France, ceux-ci s'ériger en république, ceux-là prendre un roi particulier¹, auquel cas, je, dirai confidemment à votre Altesse qu'ils pensoient au prince Thomas de Savoie²; mais l'appât du million d'or que j'ai proposé, au nom de votre Altesse, les a vivement touchés. Leur résolution est prise, et, tout en proposant à don Juan d'Autriche des articles de capitulation qu'il n'acceptera pas³, parcequ'il ne le peut faire, on écrivit hier des lettres pour votre Altesse Sérénissime, pour M. le cardinal d'Aix, et pour le roi de France, et l'on fit choix de Nicolas-Marie Mannara, jeune homme de bien de l'esprit, et d'Aniello del Falco, général de l'artillerie, pour les aller porter à votre Altesse Sérénissime⁴, en lui demandant sa protection pour la ville et le royaume. — Votre Altesse

¹ Dépêche de M. l'abbé de Saint-Nicolas à M. le cardinal Grimaldi, du 19 octobre 1647.

² Dépêche mss. du cardinal Mazarin au prince Thomas de Savoie, du 27 novembre 1647.

Avis du 9 septembre 1647.

³ Articles proposés par les députés de la ville de Naples à don Juan d'Autriche, le 19 octobre 1647 et jours suiv. Raccolta II di documenti mss., n° 107.

⁴ Mémoires de M. de Guise, liv. I, p. 49 et 50.

Sérénissime aura bien la bonté cependant de faire estimer à M. l'ambassadeur que les amis employés par Lorenzo Tonti et par moi, pour faire entrer le peuple en de telles idées, s'étant mis fort en avant parmi le danger, il seroit bon de les encourager un peu par argent afin qu'ils servent mieux encore [1]. Nous ne pouvons mieux faire que de confier leur intérêt à la prudence et générosité de votre Altesse Sérénissime, que je supplie d'agréer, etc...

Les Napolitains à M. de Guise.

Naples, 24 octobre 1647,

SÉRÉNISSIME ALTESSE,

Le très fidéle peuple de Naples et son royaume, ayant aux yeux des larmes de sang, supplie votre Altesse de vouloir être son défenseur comme l'est aujourd'hui, en Hollande, M. le prince d'Orange, et de lui procurer les assistances que votre Altesse lui a offertes de si bonne grace par l'obligeante lettre que ledit très fidéle peuple a reçue aujourd'hui, à bras ouverts, avec la sincérité, fidélité, et

---

[3] Dépêche en chiffres de M. de Fontenay au cardinal Mazarin, du 8 octobre 1647.

teneur d'icelle. Ce qui nous oblige à ne pas manquer continuellement de faire ici des prières à la bienheureuse vierge Notre-Dame-des-Carmes, que bientôt nous puissions voir la personne, et sentir des effets de la valeur de votre Altesse, à laquelle nous baisons les mains avec toute sorte de respect et de soumission.

De votre Altesse Sérénissime, la très humble, très dévote, et très obligée servante,

la République de Naples.

GENNARO ANNESE, capitaine-général.
LUIGI DEL FERRO, premier conseiller[1].

A M. le duc de Guise.

Rome, 3 novembre 1647.

Je sais que vous avez cherché de l'argent pour la grande entreprise que vous allez tenter, et que la caution des ministres de France et du cardinal d'Aix n'a décidé qu'à peine Valenti à vous prêter

---

[1] Lettre de la république de Naples à M. de Guise, du 24 oct. 1647. Raccolta I di docum. mss, p. 114 et 115, et Mém. de M. de Guise, liv. I, p. 55.

4,000 pistoles[1]. Je ne suis pas informée si Toussaint de Bordeaux vous a porté, de la part de mademoiselle de Pons[2], le moyen d'achever ce que vous commencez peut-être pour elle, mais, quel que soit le fond de votre pensée, il ne faut pas qu'un peu d'argent arrête M. de Guise. Voici de l'or et des bijoux pour dix mille écus : c'est tout ce que je possède, prenez-les; j'en chercherois d'autres si vous étiez malheureux[3]; mais vous serez heureux, je l'espère!

Le duc de Guise à madame la duchesse de Guise, sa mère.

Rome, 9 novembre 1647.

Madame,

L'estime que le peuple et le royaume de Naples ont témoigné faire de ma personne, m'ayant choisi pour les tirer de l'oppression des Espagnols, et commander leurs armes avec la même auto-

---

[1] Mémoires de M. de Guise, liv. I, p. 63.—Modéne, tom. II, ch. xiii, p. 213.

[2] Modéne, tom. II, ch. xiv, p. 225.

[3] Mémoires de M. de Guise, liv. I, p. 63.

rité que le prince d'Orange fait celles des états de Hollande, m'obligeant à me tenir prêt pour m'embarquer sur l'armée navale du roi, et m'aller mettre à la tête de cent soixante-dix mille hommes qui m'attendent, j'ai cru, madame, que vous ne désagréeriez pas que je prisse la liberté de vous rendre compte de cet honneur qui m'est procuré, ne croyant pas pouvoir réussir dans ce glorieux emploi, si je n'étois assez heureux pour obtenir votre bénédiction. Je vous la demande donc très instamment, et vous supplie de ne me pas abandonner dans une occurence où je puis établir une si grande fortune et m'acquérir une si grande réputation. J'ose espérer de vous une entière assistance, et suis, avec tout le respect imaginable, madame, votre très humble, très obéissant, et très obligé fils et serviteur,

Le duc de GUISE[1].

---

[1] Lettre de M. de Guise à la duchesse de Guise. Mém. de M. de Guise, liv. I, p. 66 et 68.

Lorenzo Tonti à M. le duc de Guise.

Capoue, le 10 novembre 1647.

Altesse Sérénissime,

Votre Altesse a daigné me consulter sur la conduite que je croirois qu'elle dût tenir dans le voyage qu'elle va faire à Naples, en qualité de chef et général du peuple. Votre Altesse a trop présumé de mon expérience, mais elle ne sauroit trop présumer de mon zèle, et je vais essayer de lui soumettre les idées que me suggèrent la grande connoissance de ce peuple et de ce pays, et la réflexion sur une affaire dont je me suis trouvé, par moi ou par les miens, le principal négociateur.

J'ose croire qu'on peut réduire à quatre les obligations véritables auxquelles il est bon que votre Altesse se puisse assujettir.

Et d'abord, le peuple de Naples étant fort dévot, votre Altesse Sérénissime se mettra, en partant, sous l'invocation du nom de notre Seigneur et de la bienheureuse vierge Marie, sa mère, dont la protection assurera l'heureuse is-

CHAPITRE IX. 161

sue de son voyage. Aussitôt après son arrivée, elle ira visiter l'église de Notre-Dame del Carmine, et elle voudra bien y faire ses dévotions, se confesser, communier en public, et, s'il se peut, renouveler ces pratiques toutes les semaines, afin que le peuple perde l'opinion que les François ne sont occupés qu'à mettre à mal tout ce qui se rencontre de femmes sur leur passage. Il seroit même important que l'on pût obtenir à cet égard quelque retenue des François qui feront partie de l'expédition.

En second lieu, votre Altesse Sérénissime ne cessera point, jusques à nouvel ordre, de se rappeler qu'elle est envoyée à Naples par la France, que ce sont les ministres François qui l'ont désignée, le roi très chrétien qui l'a choisie pour cette grande entreprise; qu'il faut, par conséquent, et pendant long-temps encore, donner aux ministres du roi une communication pleine et entière des affaires, agir d'après leurs conseils, et, s'il est possible, établir entre la cour de France et votre Altesse Sérénissime des ambassadeurs, au nombre desquels je pourrois être, qui entretiennent le roi très chrétien dans ses bonnes dispositions pour Naples et son royaume.

Quant au troisième point, un des premiers soins de votre Altesse Sérénissime doit être, ce me semble, de maintenir fidèlement Gennaro Annèse dans la charge de capitaine-général, et de laisser à ses conseillers et à lui l'expédition des affaires d'administration intérieure. Votre Altesse Sérénissime en saisira facilement les raisons. Il y aura, dans Naples, des taxes à percevoir, des châtiments à infliger, une foule d'audiences à donner, et de suppliques à recevoir. Si votre Altesse Sérénissime en prend la charge, elle ne pourra plus disposer d'un moment, et n'aura plus le moyen de pousser vivement la guerre qui doit être son principal soin; elle perdra l'affection des peuples qui rattacheront à son nom l'idée de ce qu'ils souffrent; Annèse, redescendu parmi eux, restera le chef populaire, et M. le duc de Guise un prince étranger qui lève des impôts et fait tomber des têtes. Si, au contraire, ce détail reste dans les mains d'Annèse, les approvisionnements à faire, les punitions à ordonner, les contributions à repartir ne regarderont que lui; tout ce qui sera pénible ou sévère, il faudra bien qu'il le fasse; tout ce qui sera grace ou faveur paroîtra venir de votre Altesse Sérénissime, soit parce-

CHAPITRE IX.

qu'elle obtiendra facilement d'Annèse toutes les exceptions qu'elle voudra, soit, et au cas même d'un refus, parceque la bonne volonté de votre Altesse Sérénissime n'en aura pas moins été protectrice et bienfaisante. Or, et votre Altesse Sérénissime le sent comme moi, ce n'est pas un médiocre avantage que de pouvoir, à-la-fois, diriger la haine populaire sur ce brutal vieillard, et se concilier la faveur de ce peuple qui ne se pourra passer d'un roi.

Je pense, enfin, que Votre Altesse Sérénissime devroit, peut-être, dès le premier jour et jusques au dernier, entretenir avec les puissances étrangères, et surtout avec le pape, une correspondance amicale, respectueuse, et telle qu'il convient à l'égard des souverains. Les monarques étrangers, voyant qu'avec les Espagnols tout est querelle et guerre, et que tout avec Votre Altesse Sérénissime est paix et bonne intelligence, ne pourront hésiter sur le parti à prendre dans la lutte qui s'engage, et le pape croira tenir de vous des droits sur Naples qu'il est, en tout cas, impossible de lui contester.

Telles sont les humbles propositions que je crois devoir soumettre à votre Altesse Sérénissime. Je la supplie de les peser dans sa sagesse, et comme les conditions nécessaires de son établissement à Naples, et de les recevoir comme un témoignage de mon passionné dévouement.

De votre Altesse Sérénissime, très humble, très dévoué et très fidèle serviteur :

Signé : LORENZO TONTI [1].

---

[1] Lettre de Lorenzo Tonti à M. le duc de Guise. Raccolta I di documenti mss., p. 122 à 125.

CHAPITRE X.

Voyage.

Trois mois s'étoient passés dans ces négociations singulières où un peuple, qui repoussoit son souverain, se laissoit amener, sans le savoir, à en prendre un autre qu'il n'avoit pas choisi; où un prince, retenu à Rome par des affaires d'un genre si particulier, s'imaginoit de se faire roi d'un peuple dont il n'étoit pas même connu; où l'intérêt de quelques agents obscurs, l'inconstance d'une populace qui n'est jamais si embarrassée que lorsqu'elle est maîtresse d'elle-même, l'adresse persévérante d'un homme que l'on n'avoit tenu jusque là que pour aimable et pour étourdi, alloient faire tourner au profit de ce même homme les longues menées de la France, la subite décadence de l'Espagne, une révolution sanglante, les meurtres, les misères, et les fureurs d'un peuple qui se débattoit dans sa liberté.

Henri IV disoit qu'il falloit prendre garde à la maison de Guise plus qu'à une autre [1], et Mazarin, qui partageoit cette opinion transmise de ministère en ministère, ne desiroit nullement que le duc de Guise allât à Naples. Ses lettres en font foi [2]. A son exemple, les ministres François ne portoient à cette entreprise qu'un foible secours, et traitoient de visions [3] ou de folles pensées [4] les espérances de Henry de Lorraine. Le pape étoit loin de le seconder [5], les princes d'Italie étoient occupés chez eux. A Naples, on connoissoit à peine son nom; dans Rome où il se trouvoit, il avoit un procès à la Rote pour son mariage, une affaire à vider avec le duc de Bracciano, pour des querelles particulières, les ministres du roi à tromper ou à satisfaire, de l'argent à trouver, des

---

[1] Mézeray, Hist. de la mère et du fils, tom. I, p. 38.

[2] Dépêch. mss. du cardin. Mazarin au marquis de Fontenay du 27 novembre 1647.

Instruction du roi au sieur marquis de Fontenay, du 28 nov. 1647.

[3] Lettre de M. de Guise au chevalier de Guise, du 29 octobre 1647. Mém. de M. de Guise, p. 69.

[4] Note en chiffres, du 18 octobre 1647. Raccolta II di docum. mss., n° 106.

Lettre de M. de Grémonville, à M. l'abbé de Saint-Nicolas, du 17 août 1647.

[5] Mém. de M. de Guise, liv. 1, p. 81 et suiv.

CHAPITRE X. 167

hommes à réunir. Trois mois lui suffirent pour tout cela. Le 10 novembre, il avoit les réponses de France et les dernières lettres de Naples. Le 11, ses écuyers, sa maison, un gros de gens de guerre qu'il emmenoit, M. de Cerisantes qu'on mettoit près de lui de la part du roi[1], étoient réunis et prêts à partir. Le 12, M. de Fontenay écrivit à la république de Naples que le roi de France, s'étant résolu de la secourir dans ses dangers, avoit expressément choisi M. de Guise pour aller commander en son nom[2]. Le 13, au matin, Lorenzo Tonti, Agostino del Lieto, Falco, Mannara, tout ce qu'il y avoit à Rome de Napolitains dans ses intérêts, les soldats, les mariniers, vinrent l'avertir que le temps étoit favorable, et que le vent avoit fraîchi[3]. Il se leva pour s'en assurer, et puis se rendit chez l'ambassadeur de France, afin de lui adresser ses adieux : il revint ensuite dans son palais où les siens l'attendoient. Il parut au milieu d'eux en habit de voyage et de guerre, *avec cette*

---
[1] Note sur la lettre de M. de Cerisantes, du 17 décembre 1647. Négociations de Saint-Nicolas, tom. V, p. 342. — Modène, tom. II, p. 237.

[2] Dépêche de M. de Fontenay à la républ. de Naples, du 13 novembre 1647. Raccolta I di docum. mss.

[3] Mémoires de M. de Guise, liv. II, p. 92.

belle et assurée façon, toute autre que tout autre prince qui fut lors en France[1]. Messieurs, leur dit-il, c'est maintenant qu'il faut montrer de quel sang nous sommes : l'occasion est belle et la gloire sera grande. Les aumôniers arrivèrent, qui lui dirent la messe comme en un jour ordinaire. Au sortir de la chapelle, il appela Tilly, son secrétaire, et le dépêcha vers mademoiselle de Pons, pour qu'il pût lui raconter son départ, pour qu'il pût lui dire que, même en ce moment, ses pensées étoient pour elle. Tilly partit, il le suivit quelque temps des yeux, puis sortant d'une espèce de rêverie : Allons, dit-il, à cheval ; trompette, sonne la marche de guerre, et passons devant l'ambassadeur d'Espagne[2] ; quand un Guise va combattre, l'ennemi doit le savoir. — Ils se mirent en marche. A la place d'Espagne, attendoient le marquis de Fontenay, l'abbé de Saint-Nicolas, le cardinal archevêque d'Aix, qui le conduisirent sur la route, et jusques à cette vieille basilique de Saint-Paul hors des murs, où tout rappelle et promet la vic-

---

[1] Brantôme, Vie des grands capitaines et hommes illustres. M. de Guise, p. 219.

[2] Modène, liv. II, ch. xiv, p. 236.

CHAPITRE X. 169

toire [1]. Là, ils se séparèrent. On marcha. Le soir, on avoit atteint le petit port de Fiumicino où étoient mouillées les felouques de transport. Le duc de Guise sauta dans la plus petite et ses gens l'y suivirent. Nous sommes trop nombreux, dit le pilote, et la mer est trop grosse : il ne faut ici que deux personnes avec moi [2]. Tu as raison, répondit Guise, éloignez-vous, vous autres, je reste seul avec cet homme. — Et qui vous accompagnera ? — La fortune. Pilote, mets le cap, et voguons à Naples. — On entendit le vent tomber dans la voile, et la barque prit sa course sur les eaux.

Il étoit alors minuit. Toutes les felouques appareillèrent en s'éloignant de la côte; et cette petite armée qui se composoit de vingt-deux hommes, ce général qui n'emportoit que son épée, cette escadre où il n'y avoit ni canons ni trésors, firent voile pour un royaume où l'on ne pouvoit entrer qu'en vainqueurs. La nuit fut

---

[1] Dépêche de M. l'abbé de Saint-Nicolas à M. de Brienne, du 15 novembre 1647.

Mémoires de M. de Guise, liv. II, p. 92.

[2] Mém. de M. de Guise, liv. II, p. 93. — Modène, liv. II, ch. xiv, p. 237.

calme et tranquille. Au matin, on apercevoit ces plaines humides et fertiles que les torrents disputent à la mer. Vers le soir, les marais pontins étoient passés; à gauche, s'élevoit le mont Circello, demeure antique de Circé; à droite, l'île de Ponza se montroit parmi les eaux; et plus loin, à la côte, les rochers blancs de Terracine annonçoient la frontière de l'état Romain, et rappeloient au jeune conquérant, ce Théodoric, conquérant plus jeune, vainqueur des révolutions, pacificateur de l'Italie, qui fut grand par ses exploits et plus grand par son caractère. En ce moment, un coup de canon se fit entendre; une fumée épaisse et noire s'éleva de l'île de Ponza; le mouvement fut répété du côté de Terracine, et, de loin en loin, dans les sinuosités de la côte, on vit de pareilles colonnes de fumée monter dans l'air, et l'on entendit de semblables coups de canon retentir à intervalles inégaux. C'étoit le signal par lequel les galères Espagnoles, mouillées sous l'île de Ponza, venoient d'annoncer le passage de la flotille Françoise. Guise rappela aussitôt toutes ses felouques près de lui, et quand il les eut rassemblées : Naples est notre destination, dit-il, cinglez vers

CHAPITRE X.

Naples, chacun sous un point différent. J'y serai avant vous, ou je n'y serai jamais.—Il fit ferler ses voiles, n'en garda qu'une au vent, serra la côte, et le soir il étoit dans les eaux de Gaëte, au pied d'une tour qui s'avance dans la mer. Quelle est cette tour, dit-il au pilote? La tour de Roland, répondit le matelot; Roland étoit aussi un François? — Oui, répondit Guise, et Roland doit protéger un arrière-neveu de Charlemagne : cingle droit à la tour. — Mais un coup de canon passa sur sa tête; les sentinelles du môle appeloient la felouque à la visite. On s'approcha du rempart : Qui portez-vous? cria la sentinelle. — Un courrier. — Où va-t-il? — Chercher le vice-roi de Naples. — Entrez dans le port. — Au lieu d'obéir, la chaloupe gagna le large, et se jeta dans l'embouchure du Garigliano. De nouveaux coups de canon se firent entendre. Deux galères qui étoient dans le port se mirent en chasse; mais les rives du Garigliano ne sont pas toujours funestes à la valeur Françoise. Un vent impétueux, qui en sortoit, arrêta les galères. Cependant la felouque fut démâtée ; le pilote trembloit et vouloit prendre terre. Terre, dit Guise, avant Naples il n'y a point de terre. — En ce moment la barque chavira : le pilote voulut changer le gouvernail ; son gouvernail nouveau fut brisé ; il en remit un autre qu'un coup de mer emporta. Le vent grossissoit, la mer devenoit plus furieuse ; la felouque, élancée au sommet des vagues ou précipitée jusques au fond des eaux, n'avoit plus ni barre au gouvernail ni voile aux antennes. Guise ramassa une rame et la jeta au pilote qui en fit une barre de gouvernail. Un coup de vent poussa le bâtiment de l'autre côté du golfe, et, vers l'heure où l'aurore commence à paroître, le golfe de Baye offrit aux voyageurs ses tranquilles eaux et un mouillage paisible, à côté du pont de Caligula, près des étuves de Néron, ou parmi les ruines des bains d'Octavie. Cependant le jour paroissoit, et le jour ne montroit à Henry de Lorraine que des vaisseaux ennemis, la flotte Espagnole répandue sur ces parages, et de nombreuses embarcations qui parcouroient, en tous sens, la mer sillonnée par la brise du matin. Le pilote vouloit gagner Ischia pour y rester caché durant le jour. Guise saisit la rame qui servoit de gouvernail, et dirigea lui-même la felouque sur Naples, au milieu de la flotte ennemie, vers la galère capitane mouillée à la barre du port. Les Espagnols, qui ne reconnoissoient point cette embarcation nouvelle, la regardoient avec curiosité, les matelots cherchoient à deviner de qui cette chaloupe étoit montée, et la felouque arrivoit droit sous le vent de la capitane. A deux portées de canon, elle changea tout d'un coup de direction, cingla vers Torre-del-Greco, et s'approcha de la côte. Un cri s'éleva sur la capitane, les matelots détachèrent les chaloupes, les pièces en batterie tirèrent. De Naples on entendit ce bruit, et le peuple accourut au rivage : D. Juan, malade dans son vaisseau, vint sur le tillac ; la mer se couvrit de canots à demi armés ; et Guise, se levant du fond de sa felouque poursuivie, monta sur le pont, se plaça contre le mât, et, découvrant sa tête, s'écria : Guise, Guise, vive le peuple de Naples! Une décharge d'artillerie suivit ces paroles. Les vaisseaux Espagnols dirigeoient sur lui toutes leurs bordées, les Napolitains tiroient de toutes leurs pièces sur la flotte Espagnole. Mille clameurs s'élevoient de la mer et de la terre. La felouque toucha, Henry de Lorraine sauta à terre, et un cri général, qui se fit entendre sur tout le rivage, apprit à D. Juan d'Autriche que Naples recevoit dans son sein M. de Guise[1].

[1] Mém. de M. de Guise, liv. II, p. 93 et suiv.

Modène, liv. II, ch. xiv, p. 237 à 255.

Narration mss. du voyage de M. de Guise. Raccolta II di docum. mss., fol. 133.

Récit mss. du voyage de M. de Guise. Raccolta II di docum. mss., fol. 136.

Piacente, revoluz. del regno di Napoli, mss., liv. IV, p. 1.

CHAPITRE XI.

Le duc de Guise à Naples.

Le prince qui venoit en ces lieux relever le sceptre royal, arrivoit, seul, au milieu d'un peuple à qui jusques alors il étoit totalement étranger; mais il y a des hommes que l'on n'a pas besoin d'avoir vus pour les reconnoître. Quand cette felouque démâtée traversa le port sous le feu de l'escadre Espagnole, quand ceux qui la montoient se jetèrent à terre, quand il débarqua un homme jeune, beau, l'air noble, le front découvert, et que l'on vit cet homme saluer le rivage de Naples, sans penser à l'artillerie qui faisoit pleuvoir la mort autour de lui, personne ne douta que ce ne fût cet Henry de Lorraine, si impatiemment attendu. On lui présenta un cheval magnifique sur lequel il traversa le pont de la Madeleine et le faubourg de Sainte-Marie de Lorète, pour aller à l'église des Carmes remercier Dieu, saint Janvier et la vierge Marie, protectrice nouvelle du soulèvement et de l'indépendance. Les femmes se pressoient sur son passage et admiroient sa bonne grace et son grand air; les enfants dansoient devant lui; des hommes brûloient des parfums devant les pas de son cheval; des vieillards s'écrioient : Nous pouvons mourir, puisque nous avons vu un prince de la maison d'Anjou. Le prieur de Sainte-Marie des Carmes lui donna le scapulaire, et quelques officiers, députés par Gennaro Annèse, vinrent le supplier de se rendre au bastion des Carmes, où ce chef misérable et méprisé cachoit sa tête et sa puissance qu'on lui disputoit à l'envi. Le duc s'y rendit. Annèse vint le recevoir dans toute sa magnificence, vêtu d'un collet de bufle avec des manches de velours cramoisi, d'un haut de chausses de soie rouge avec une ceinture de velours écarlate, un bonnet de toile d'or sur la tête, un mousqueton à la main, et six pistolets à la ceinture. Guise l'embrassa, Annèse lui ôta son chapeau de dessus la tête, et prétendit lui donner, en place, un bonnet de toile d'or comme le sien; puis on s'assit, Annèse demanda son dîner; et le jeune prince, tirant de sa poche les lettres du marquis de Fontenay, les remit au capitaine-général du peuple de Naples. Mais le capitaine-général ne savoit pas lire; il regardoit la lettre à l'envers, quittoit son mousqueton, retournoit le papier, reprenoit son mousqueton, se faisoit montrer la signature, et faisoit des révérences sans trop oser expliquer son ignorance. Sur ces entrefaites, un autre homme entra dans la chambre avec un bruit épouvantable. Celui-ci étoit vêtu de noir, le col nu, la tête découverte, l'épée à la main, et deux gros chapelets au col. Il se jeta tout de son long par terre, prit les jambes du duc de Guise, les baisa, se releva sur ses genoux, et se mit à réciter ses deux chapelets en sens contraire, en répétant à chaque grain alternativement, pour le roi, pour le roi, pour le peuple, pour le peuple.—Votre Altesse Sérénissime a sans doute une lettre pour lui, dit Annèse :—Et qui est cet homme? répondit M. de Guise :—C'est, reprit Annèse, Luigi del Ferro, premier conseiller du peuple.—Henry de Lorraine fut un peu embarrassé. Ce Luigi del Ferro s'étoit donné pour ambassadeur de France auprès de la république de Naples, et, loin de lui contester cette qualité, les ministres du roi à Rome lui écrivoient des lettres où ils le traitoient d'ambassadeur et d'Excellence. Allons, se dit Guise en lui-même, c'est peut-être ainsi que les républiques choisissent leurs chefs et leurs ministres : et il remit la lettre à Luigi del Ferro qui recommença ses chapelets, en ajoutant, entre le roi et le peuple : pour son Altesse, pour son Altesse, pour M. de Guise, pour M. de Guise.

Le dîner étoit prêt cependant. Le jeune prince, élevé à la cour de France, habitué au luxe de Rome ou aux somptuosités allemandes, croyoit trouver, au moins, à Naples de l'élégance et du soin, à défaut de magnificence; mais il ne se connoissoit pas encore en mœurs républicaines. Le pourvoyeur, l'officier, le domestique d'Annèse, c'étoit sa femme. Elle avoit disposé la vaisselle et préparé le dîner : elle l'apporta de ses mains, en jetant à la dérobée des regards sur M. de Guise. Cette serviable personne étoit habillée d'une robe de brocard bleu en broderie d'argent, avec un garde-infant orné de dentelles, une chaîne de pierreries, un collier de perles, et des pendants d'oreilles en diamants. Luigi del Ferro l'aidoit à mettre sur la table, et donnoit à boire. Plus le duc de Guise le traitoit avec égards, plus il s'humilioit. Le duc voulut le faire asseoir à table : il se mit à

CHAPITRE XI. 179

genoux : et, tandis que le repas s'achevoit, Guise, placé entre ces deux hommes qu'il avoit ordre de traiter d'Excellence, admiroit, à part lui, non sans étonnement, les compagnons auxquels le peuple, l'amour et la fortune venoient d'associer un prince de la maison de Lorraine.

Son étonnement n'étoit pas près de cesser. Tandis qu'il essayoit de délibérer avec eux, en attendant les capitaines des quartiers qu'il avoit mandés, un boucher se précipita dans la chambre, en appelant Gennaro à grands cris. Gennaro, qui reconnut la voix, se jeta aux genoux de M. de Guise pour lui demander salut et protection. Le boucher courut à lui, saisit Gennaro par la tête, en criant qu'il le vouloit tuer parcequ'il étoit un traître et un mauvais capitaine-général, et commença par le charger à coups de plat de sabre. Gennaro demandoit grace ; sa femme, accourue au bruit, poussoit des cris pitoyables. L'autorité de M. de Guise suffit à peine à calmer ce républicain zélé ; et des clameurs qui se firent entendre sur le quai, devant le bastion des Carmes, attirèrent l'attention de tout ce qui s'y étoit rassemblé. Ce sont les troupes de Giacomo Russo, dit Luigi del Ferro. — Oui, ajouta Gennaro

Annèse, ce sont 2,000 hommes d'élite et un excellent capitaine que nous avons envoyés au pied du Vésuve, vers le bourg de Saint-Anastase, pour réduire un gros de noblesse qui s'y étoit rassemblé, et, sans doute, ils reviennent vainqueurs. — Ils revenoient, en effet, mais vaincus, repoussés jusques au pont de la Madelaine, réduits à moitié, blessés pour la plupart, et rapportant leur chef à demi-mort. Le peuple poussoit des cris d'indignation, Gennaro Annèse sentoit redoubler ses frayeurs; M. de Guise donna quelques ordres pour réunir les débris de cette expédition malheureuse, monta sur un balcon pour se faire voir au peuple, lui jeta de l'argent, et revint au conseil des capitaines, qu'il garda long-temps rassemblés, afin de s'instruire de l'état des affaires. Cet état étoit triste et fâcheux: rien de ce qu'on avoit annoncé n'étoit véritable; au lieu de 170,000 hommes, il y en avoit à peine 15,000 sous les armes; au lieu de trésor, il y avoit des dettes; au lieu d'être maîtres de la campagne, les chefs populaires avoient laissé reprendre la moitié de la ville; les Espagnols étoient partout, les moyens de résistance nulle part, et M. de Guise étoit seul, loin de son pays, au milieu d'un peuple étranger, responsable de ses propres espérances, ôtage d'un succès douteux, et chargé, aux yeux de l'Europe, de la France, de mademoiselle de Pons surtout, des chances d'un avenir hors de son pouvoir. Il se sentit le besoin de réfléchir, et demanda simplement à Gennaro Annèse de le faire conduire à son appartement. Le voici, dit le capitaine-général, en lui montrant sa cuisine, et mon lit sera le vôtre.—Mais vous.—Nous coucherons ensemble. —Mais votre femme.—S'étendra près du feu.— Je ne saurois.—Il y va de ma sûreté : si je n'étois près de vous, mes ennemis me poignarderoient. —Le petit-fils du grand Guise fut un peu surpris d'être venu servir de garde à l'armurier Annèse ; mais il n'y avoit aucun moyen de s'y soustraire : il se soumit et passa dans cette cuisine. Un lit de brocard d'or y étoit tendu ; des armes, du gibier, des tableaux, du vin, des tas de vaisselle d'or et d'argent, des meubles à demi brisés, des coffres entr'ouverts d'où sortoient des chaînes de perles, et des rivières de diamants, étoient jetés pêle-mêle de tous côtés ; un petit esclave nègre dormoit au pied du lit, et M. l'ambassadeur de France, Luigi del Ferro, y rangeoit les restes du souper. Il déshabilla M. de Guise ; Annèse se fit rendre le même service, et tous deux se mirent au lit, Annèse en serrant le prince dans ses bras pour le remercier de lui avoir sauvé la vie, Guise en réfléchissant à son aventure. Il avoit cru retrouver la ligue et les états de Blois. Il étoit venu plein des souvenirs de Charles VIII et des projets de Richelieu. La nuit ne fut pas longue, mais elle fut cruelle, et plus d'une fois il eut à se répéter ce mot de M. le coadjuteur de Paris : en affaires, le découragement est le plus sot des calculs [1].

A considérer toutefois l'état véritable des choses, il falloit plus qu'une volonté ordinaire pour conserver de la résolution ou de l'espérance ; car les obstacles sembloient s'élever de toutes parts, tandis qu'il n'y avoit guère, en apparence, que deux éléments possibles de succès, ou la coopération franche et vigoureuse de la France, ou la résolution constante et unanime du peuple de Naples. Nous devons rechercher en peu de mots

---

[1] Mém. de M. de Guise, liv. II, p. 96 à 107. — Piacente, Hist. mss., liv. IV, p. 1 à 3. — Modène, II° part., ch. xv, p. 246 à 251. — Récit mss. du voyage de M. de Guise. Raccolta II di docum. mss., fol. 137. — Lorédan, État de la république de Naples sous le gouvernement de M. de Guise, p. 30 à 34.

CHAPITRE XI. 183

jusqu'à quel point on pouvoit s'appuyer sur l'une ou sur l'autre. Cet examen, le duc de Guise fut promptement contraint de le faire; et la connoissance de l'état véritable des choses peut seule mettre à même de juger la conduite de Henry de Lorraine.

La France avoit un intérêt direct à enlever aux Espagnols le royaume de Naples. C'étoit pour eux un coup mortel [1]. Mais d'un côté, la révolution opérée par Mazaniel avoit éclaté avant qu'on ne fût en mesure d'en profiter, et de l'autre, la reine de France et son ministre étoient loin d'avoir une résolution prise, parcequ'ils n'avoient pas supposé que les événements pussent aller aussi vite. Pour ce qui étoit du peuple, on avoit bien résolu de le laisser engager dans son entreprise avant de l'y appuyer [2]; mais quand à M. de Guise, on n'avoit nullement la pensée de lui donner le royaume de Naples en apanage; on redoutoit même l'établissement d'une république, parcequ'elle lui auroit promptement fourni le moyen de s'y ériger

---

[1] Dépêche mss. du cardinal Mazarin à M. de Fontenay, du 25 juillet 1647.

[2] Dépêche mss. du cardinal Mazarin à M. de Fontenay, du 22 septembre 1647.

en maître [1]. On desiroit qu'il chassât les Espagnols de Naples, et qu'il décidât cette ville à se donner entièrement au roi. Ce qu'on en feroit ensuite étoit une résolution de trop grande importance pour que l'on fût fixé à cet égard. Conserveroit-on les provinces Napolitaines comme celles de Catalogne, sous l'autorité directe de la France et le gouvernement d'un vice-roi [2]? Les donneroit-on, comme un royaume vassal et dépendant, à M. le duc de Lorraine [3], ou à M. le duc d'Anjou [4]? à M. le prince de Condé, ou à M. le prince Thomas de Savoie [5]? Mazarin sembloit pencher pour

---

[1] Dépêche mss. du cardinal Mazarin à M. de Fontenay, du 17 novembre 1647.

Dépêche mss. du cardinal Mazarin à M. le cardinal de Sainte-Cécile, du 22 novembre 1647.

Dépêche mss. du cardinal Mazarin à M. de Fontenay, du 29 novembre 1647.

Dépêche mss. du cardinal Mazarin à M. de Fontenay, du 7 octobre 1647.

[2] Dépêche mss. du cardinal Mazarin à M. de Fontenay, du 17 novembre 1647.

[3] Dépêche en chiffres de M. de Fontenay au cardinal Mazarin, du 16 décembre 1647.

[4] Lettre mss. italienne du cardinal Mazarin au cardinal Grimaldi, du 22 août 1647.

[5] Dépêche mss. du cardinal Mazarin au prince Thomas de Savoye, du 27 novembre 1647.

M. le prince de Condé : il eût mieux aimé mettre sur le trône un prince du sang de France associé à Claire de Maillé, que le duc de Guise accompagné de mademoiselle de Pons. Mais, avant tout, il aimoit mieux laisser marcher les événements, épargner les quatre millions auxquels il évaluoit les dépenses de l'escadre [1], et voir clair dans les dispositions de la France, de l'Espagne, et de l'Italie, que de hasarder les soldats et l'argent du roi, les négociations de Munster, et son autorité personnelle. Du côté de la France, il ne falloit donc compter que sur peu de secours, et sur quelques promesses. C'étoit au succès à préparer le succès. Mais la situation de Naples donnoit-elle moyen d'y prétendre ?

On a vu quels événements avoient amené le peuple de Naples à se chercher un protecteur étranger, et quelles révolutions avoient changé la face de ce pays. Mais une révolution, loin d'être le résultat d'une volonté unanime, n'est souvent que le moyen d'entraîner ceux qu'on ne sauroit convaincre : elle froisse trop d'intérêts pour que tout le monde s'y réunisse. Aussi, dès qu'une ré-

[1] Dépêche mss. du cardinal Mazarin à M. de Fontenay, du 13 mars 1648.

volution éclate, se trouve-t-il des hommes courageux qui s'y opposent, des poltrons qui la suivent, et des indécis qui en attendent l'issue. Ces trois partis existoient à Naples, mais sous-divisés en fractions nombreuses et modifiés par les intérêts ou la position de chacun. La noblesse demeuroit assez favorable à l'Espagne, parcequ'elle étoit ennemie du peuple, mais elle vouloit sur-tout un gouvernement et des lois, et les eût reçus, sans mécontentement, de la France, ou même du duc de Guise; et, bien qu'un assez grand nombre de ses chefs tînt la campagne, les armes à la main[1], on pouvoit, sans trop de présomption, essayer dans ces premiers temps, de négocier avec elle. Le peuple, séparé déja en deux partis qui se haïssoient l'un l'autre, les capes noires et les déchaussés, ainsi que l'on nommoit les gens de ces factions, sembloit plus aisé à rassembler, et dans le fait, étoit moins facile à conduire. Les capes noires, c'étoient les marchands, la petite noblesse, les petits propriétaires qui, dans les premiers jours

---

[1] Note mss. de M. de Fontenay, du 6 août 1647.
Avis mss. de Rome, du 7 septembre 1647.
Dépêche en chiffres de M. de Fontenay au cardinal Mazarin, du 11 novembre 1647, mss.

CHAPITRE XI.

de la révolution, avoient cru n'avoir qu'à gagner, qui voyoient maintenant qu'ils n'avoient qu'à perdre, et qui, placés en face du danger, préféroient encore la supériorité des grands et le patronage de la cour au furieux et ridicule empire d'une populace déchaînée. Les déchaussés, c'étoit cette populace même qui s'enivroit de meurtre, se gorgeoit de pillage, et vouloit prolonger la révolution. Parmi les capes noires, on auroit pu compter les hommes de loi ambitieux, les marchands timides, les bourgeois qui regrettoient leurs rentes sur les gabelles de la ville. En masse, il falloit les tranquilliser, les flatter, et les acheter, car c'étoit en eux que la révolution devoit mourir. Parmi les déchaussés, il y avoit quelques chefs avides, quelques furieux prêts à tout, et une foule d'hommes qui ne craignoient ni le crime ni la mort, mais qui auroient tremblé seul à seul avec un juge. Aux premiers, il falloit des brevets et de l'or, quelques escarmouches un peu chaudes aux seconds, de grands mots et des magistrats de police aux derniers. Si la flotte Françoise eût paru à temps dans ces parages, si Guise eût eu moins d'impatience, si l'on eût envoyé de l'or et des soldats au lieu de négociateurs et de promesses, c'en étoit fait de l'hésitation des capes noires, de la fureur des déchaussés, et peut-être aussi de la fidélité des grands et des barons du royaume[1]. Guise, en arrivant à Naples, y apportoit cette espérance. Mais en politique, comme en amour et comme en guerre, espérer c'est se confier à un autre. Et à qui a-t-on le droit de se confier? pas toujours à soi-même.

Tel étoit donc, à-peu-près, l'état des affaires à Naples lorsque M. de Guise eut le cruel loisir de l'examiner; mais d'autres difficultés encore compliquoient sa position. D'une part, les François qui alloient arriver à sa suite, et qui venoient, chacun avec sa prétention pour soi et son mépris pour les autres; le baron de Modène disposé à s'attribuer toute la gloire de l'expédition; Cerisantes à tout contredire, et peut-être à tout entraver; l'abbé de Saint-Nicolas qu'on vouloit envoyer pour négocier les intérêts du roi; d'Orillac, et le baron des Inards, plus occupés de leur fortune que de celle du prince; et, d'autre part, les Espagnols retranchés dans les châteaux, occupant encore le palais, tenant non seulement la cam-

---

[1] Relation mss. de l'abbé Basqui, donnée le 7 février 1648 à M. Duplessis Besançon. Raccolta I di docum. mss. p. 244 et suiv.

pagne et les villes voisines, mais le Vésuve et le Pausilippe, le port et même les faubourgs, bien approvisionnés de vivres, bien fournis de munitions, et renouvelant, à leur volonté, les unes et les autres, tandis que les Napolitains avoient peu de blé, peu de poudre, point de flotte, des armes en mauvais état, et des positions dominées de toutes parts. Le duc de Guise passa la nuit à envisager, sous toutes les faces, la position où il s'étoit placé ; à chaque instant, Gennaro Annèse, qui dormoit à côté de lui, poussoit des hurlements affreux crioit qu'on vouloit l'assassiner, et se jetoit, en pleurant, dans ses bras. Henry de Lorraine le rassuroit de son mieux, et, dès qu'il l'avoit calmé, retomboit dans sa rêverie qu'Annèse troubloit de nouveau par sa frayeur. Ces révolutionnaires ont toujours besoin de l'effroi qu'ils répandent pour échapper à l'effroi qu'ils éprouvent.

Le jour parut enfin. Henry de Lorraine alla reconnoître les postes, s'assurer de l'état des magasins, et rendre une visite au cardinal Filomarino qui, resté dans la ville par un ordre secret du roi d'Espagne, y sembloit, comme un autre saint Janvier, l'immuable patron de ce peuple. On convint dans cette visite que, dès le lendemain, M. de Guise iroit solennellement à l'église des Carmes prendre ses lettres de capitaine-général, et recevoir des mains du cardinal l'épée bénie qui devoit lui assurer la victoire. L'archevêque craignoit de s'engager jusque-là. Il fit de longues représentations; mais Guise, qui vouloit le brouiller avec les Espagnols[1], parla sur un ton si haut qu'il fallut bien céder; et le lendemain en effet, le cardinal, entouré de son clergé, la mître archiépiscopale en tête et la crosse à la main, alla, dans l'église du marché neuf, attendre le nouveau chef que l'amour et le hasard venoient de donner au peuple de Naples. M. de Guise sortit du bastion des Carmes avec une suite leste et nombreuse; les officiers, partis de Rome avec lui, venoient d'arriver comme pour grossir son cortége; les gardes de Gennaro Annèse marchoient devant lui; un des capitaines des ottines le précédoit portant l'épée nue. Il entra dans l'église, il y fut reçu en prince; le cardinal le bénit et lui donna l'épée; Annèse le proclama libérateur et généralissime du peuple de Naples; et, quand il sortit, le son des cloches, le bruit du canon, mille cris de joie mille fois répétés l'ac-

---

[1] Mémoires de M. de Guise, liv. II, p. 113.

compagnèrent, au milieu des rues ornées de tapisseries et jonchées de fleurs, jusques au rempart qui lui servoit de demeure [1]. Il revint enchanté; et, comme il écrivoit à mademoiselle de Pons pour lui faire partager sa joie : Cerisantes, dit-il à cet officier, en le voyant entrer, avouez que c'étoit là une belle solennité et bien digne d'un prince; assurément, monseigneur, répondit Cerisantes : c'est la même qu'on fit pour Mazaniel avant de le massacrer.

Mais Mazaniel avoit vu trois cent mille hommes marcher à sa voix dans les premiers jours de la révolution nouvelle. Depuis lors, cette révolution avoit eu le temps de prendre une consistance réelle; le duc de Guise devoit en arrivant augmenter enore ce mouvement; et pourtant, lorsqu'il voulut reconnoître positivement de quelles forces il pouvoit disposer, il ne trouva plus que quatre mille hommes de pied et environ trois cents chevaux [2] :

[1] Mémoires de M. de Guise, liv. II, p. 114 et suiv.
Lorédan, p. 41 et suiv.
Modène, II° part., ch. xv, p. 263 et 264.
De Santis, liv. VIII, p. 354.
Piacente, Histor. mss., liv. IV, p. 5.
Lettre mss. de M. de Cerisantes à M. de Fontenay, fol. 3. Raccolta II di docum. mss.
[2] Mém. de M. de Guise, liv. II, p. 101, 129, 133.

tout le reste s'étoit dispersé. Trois mois d'un service continuel avoient fatigué le peuple; les gardes de nuit dégoûtoient les bourgeois; les combats au dehors leur déplaisoient peut-être davantage; et ces rebelles, naguère si pleins d'ardeur, commençoient d'avoir besoin qu'on leur payât leur amour pour la liberté. Par malheur, il n'y avoit guère plus d'argent que de troupes. M. de Guise avoit apporté 4,000 pistoles, il les donna; Gennaro Annèse livra, bien malgré lui, 100,000 écus, comme une part du butin qu'il avoit fait, et l'on expédia des commissions pour cinq régiments d'infanterie soldés, et pour cinq ou six compagnies de cavalerie [1].

Que si, du moins, ces troupes nouvelles eussent été réunies d'abord, on auroit pu, avec leur secours, entreprendre quelque action d'éclat qui eût établi dans le peuple de Naples la réputation de son nouveau général; mais les recrues étoient lentes à faire, parceque les capitaines cherchoient à détourner une portion de l'argent qui leur avoit été confié : les chefs du peuple ne montroient déja plus le même zèle, parceque M. de Guise

[1] Mém. de M. de Guise, liv. II, p. 134 et suiv.
Modène, II⁰ part. ch. xviii, p. 319 et suiv.

avoit trop tôt substitué dans les brevets son nom étranger au nom populaire de Gennaro Annèse. On eut besoin d'un mois pour lever les compagnies : il n'en avoit pas tant fallu pour que tout ce qui entouroit le duc de Guise se disputât le commandement de ces troupes qui n'existoient pas encore, et prétendît l'enlever aux chefs Napolitains qu'il eût été le plus important de gagner. La première des charges de guerre sous les ordres de M. de Guise étoit celle de mestre-de-camp général, et le duc la réservoit au chevalier de Joyeuse, son frère, dont la présence lui sembloit utile dans le royaume; mais Giuseppe Palombo, l'un des chefs du peuple, Cerisantes et le baron de Modéne, prétendoient, tous trois, à cet emploi : et, pendant qu'ils se le disputoient, un boucher, appelé Michael de Santis, se l'arrogea de lui-même. Cerisantes pratiqua les chefs du peuple qui le demandèrent pour lui, Giuseppe Palombo se mit à l'exercer, et le baron de Modéne s'en fit donner par Annèse le brevet et les lettres de service. Guise se trouva donc quatre mestres-de-camp généraux [1]. D'un autre côté, Cerisantes pré-

[1] Lettre mss. de M. de Cerisantes à M. de Fontenay, fol. 1 et suiv. Raccolta II di docum. mss.

tendoit aussi être reconnu pour ambassadeur de France¹, et Luigi del Ferro continuoit d'en prendre le titre. Cerisantes, fils d'un ministre de Saumur, homme de cœur, de savoir et de résolution, avoit été officier en France, colonel en Suède, et quelque peu intrigant partout ¹. Luigi del Ferro étoit un homme assez bien né, beau-frère de Lorenzo Tonti, mais extravagant d'ordinaire, et devenu tout-à-fait fou dans cette occurrence. L'un, c'étoit le Napolitain, tiroit les bottes au duc de Guise, couroit devant lui dans les rues avec une perruque de furie en crin de cheval, faisoit baiser aux passants un portrait de Henry IV vieilli, qu'il leur donnoit pour celui de Louis XIV enfant, et prétendoit rendre compte à Paris de ce qui se passoit à Naples où Gennaro Annèse le mettoit au cachot². L'autre, c'étoit le François, envoyé par M. de Fontenay pour tenir les chiffres de correspondance ³, vouloit traiter d'égal avec M. de

— Mém. de M. de Guise, liv. II, p. 137 et 147. — Modène, II⁰ part., ch. xv, p. 264 et suiv.

¹ Mém. de M. de Guise, liv. II, p. 130 et suiv.
Négociat. de M. l'abbé de Saint-Nicolas, tom. V, p. 342, note A.
² Mém. de M. de Guise, liv. II, p. 106, 114, 135.
³ Dépêche en chiffres de M. de Fontenay au cardinal Mazarin, du 11 novembre 1647.

CHAPITRE XI.

Guise, écrivoit à la cour contre tout le monde, et ne pensoit à rien moins pour lui qu'au gouvernement des deux Calabres, avec un titre de duc ou de prince [1]. Guise mit en usage tout ce qu'il avoit de fermeté, d'adresse, surtout de patience ; il imposa silence à Michael de Santis, donna une autre charge à Giuseppe Palombo, mit aux prises Luigi del Ferro contre Cerisantes, fit expédier en son propre nom les lettres qui créoient mestre-de-camp général le baron de Modéne, et prépara, par la soumission momentanée de ses partisans, la soumission future de ses ennemis.

Mais le grand secret de ceux qui entrent dans les emplois est de saisir, d'abord, l'imagination des hommes par une action que quelques circonstances leur rendent particulière [2]. Cette régle de conduite, qui n'étoit pas écrite encore à l'époque dont il s'agit, n'en étoit pas moins un principe pour ceux qui possédoient un peu d'expérience ; et M. de Guise, bientôt après son arrivée, chercha quelle entreprise il pouvoit tenter pour donner aux Napolitains l'idée personnelle de sa puissance. Rattacher la noblesse à la cause de l'indépendance

[1] Mém. de M. de Guise, liv. II, p. 149 et suiv.
[2] Retz, Mém., liv. II, p. 84.

étoit le plus grand effort qu'il pût essayer, la ramener eût été la plus utile victoire qu'il pût obtenir; mais parlez d'union à ceux qui sont en révolution, ou parlez d'égalité à ceux qui ne se sentent plus de maîtres, et vous serez trop heureux si vous sauvez votre tête. Guise ne se crut pas encore en mesure de traiter ouvertement avec les chefs de la noblesse, et, dans le dessein de signaler au moins son arrivée par quelque action d'éclat, il résolut d'enlever Averse, ville Normande, au milieu de la plaine, à trois lieues de Naples, bien établie, bien gardée, et qui servoit en quelque sorte, de quartier général aux troupes ennemies [1]. Averse n'étoit pas une ville forte, la garnison n'en étoit pas nombreuse, car on n'y comptoit guères que sept à huit cents hommes de troupes régulières, mais une partie de la noblesse s'y étoit retirée. Sa position étoit importante en ce qu'elle commande la route de Rome et de France. Les Napolitains, qui venoient tout récemment de s'emparer de Salerne, sur la route de Sicile, mettoient une grande importance à la reddition d'Averse, sur le chemin d'Italie. On réunit tout ce que l'on put trouver de soldats et

---

[1] Piacente, Hist. mss., liv. IV, p. 7 et 8. — Nicolaï, liv. IV, p. 284. Modène, IIe part., ch. III, p. 41.

d'armures, on leva des compagnies franches, on mit en réquisition les chevaux et les armes; et le 12 décembre, sur les deux heures après midi, on vit la petite armée populaire se mettre en bataille à la porte Capuane, prête à partir, et n'attendant plus que son général [1].

Guise arriva tout d'un coup à cheval et suivi du baron de Modène, sans cuirasse, sans casque, mais le pistolet à la ceinture, et l'épée à la main. Mestre-de-camp du second régiment, s'écria-t-il, tournez à droite, serrez vos rangs, marchez vers la douane, les Espagnols s'y logent; compagnie de la Cava, relevez vos armes et suivez-moi, on attaque à Visita Poveri; Doménico Mellone, prenez trois cents mousquetaires, l'île saint-Barthélemy est en danger; vous d'Orillac, conservez le commandement du reste des troupes, et m'attendez en ce lieu; les Espagnols m'ont cru devant Averse: je suis à Naples et le leur ferai voir. —Il repartit au galop, les compagnies le suivirent rapidement, et lui, suivi de soixante gentilshommes, il les devançoit sous le feu ennemi. Le second régiment descendoit à grands pas lorsque, de loin et vers la Cellaria, on aperçut un corps d'infanterie aux

---

[1] Mémoires de M. de Guise, liv. II, p. 166.

couleurs Espagnoles qui se formoit vers la fontaine aux serpents. Les soldats ouvroient leurs arquebuses et présentoient leurs méches; mais, débouchant par une rue étroite, un homme suivi de quelques autres se jeta au milieu de cette infanterie; on entendit ses deux coups de pistolet, et on le vit s'enfoncer parmi les rangs. Au bout d'un moment, les ennemis fuyoient dispersés, et le second régiment Napolitain, arrivant au pas de charge, ne trouva plus que des armes jetées çà et là, un étendard abandonné, et quelques blessés étendus par terre. Qui t'a renversé? demanda Antonio de Calco à l'enseigne : Qui vous a mis en déroute? demanda-t-il à un blessé : ils soulevèrent la tête, et ils répondirent : Le duc de Guise.

Cependant, les Espagnols étoient encore maîtres des postes qu'ils venoient d'occuper. Guise descend de cheval devant la douane, se jette dans le retranchement l'épée à la main, s'y trouve entouré, ses gens sans poudre, les ennemis tirant de toutes parts, et rétablit le combat en attaquant de si près que la poudre devient inutile. De là, il passe à l'île Saint-Barthélemi qu'il fait enlever, revient à la douane où il trouve des magasins de chanvre, d'huile, et de goudron; il prend un flambeau, et

CHAPITRE XI.

met le feu au chanvre qu'il fait jeter sur les maisons voisines; il allume le goudron, et enseigne à ses soldats désarmés à le verser sur l'ennemi. Il redescend, et se porte au-delà de Visita Poveri. Les Espagnols y faisoient un logement dans le haut des maisons; il regarde autour de lui, et voit qu'on lui apporte enfin de la poudre. Il fait rouler les barils dans le bas des maisons occupées, établit une longue traînée de poudre et y met le feu. Les maisons sautent en l'air. Le poste est à vous, dit-il à ses gens, moi je vais dégager les autres, et il se retire. Il étoit tard. Les Napolitains avoient réoccupé les positions enlevées le matin par les troupes royales, le combat ne se renouveloit plus. Déja ils se dispersoient, et les sentinelles croyoient pouvoir reposer. Guise reparoît à la douane. Reprenez vos armes, dit-il; ne voyez-vous pas bien qu'on attaquera cette nuit, et que l'on comptera sur votre sommeil?—Les sentinelles se relèvent, les soldats rentrent à leur rang. Un moment après, une salve d'artillerie se fait entendre, et les Espagnols se présentent en armes sur la ligne. Les soldats de Naples les reçoivent par des acclamations répétées, et chaque cri est accompagné d'un feu roulant de mousqueterie. Bientôt, le bruit cesse du côté des châteaux, les Espagnols rappellent leurs troupes étonnées, la nuit reste obscure et redevient paisible; de temps en temps une lueur subite, une détonation inégale, annoncent que les batteries des forts ne sommeillent pas encore, les sentinelles Napolitaines baissent la tête sous les coups qui sifflent au-dessus d'eux, les soldats reposent à l'abri de leurs retranchements relevés à la hâte, et Guise, en se mettant au lit, s'aperçoit que depuis le matin il a combattu sans armure [1].

Le lendemain, on marcha sur Averse, et ce ne fut pas, dit M. de Guise dans ses mémoires [2], sans avoir pris la bénédiction de M. le cardinal Filomarino, et visité les reliques de saint Janvier. L'armée Napolitaine auroit eu besoin du secours d'en haut: il y a lieu de croire qu'il lui manqua. Cette armée étoit d'environ quatre mille cinq cents hommes de pied, et six cents chevaux; mais Dieu sait quels hommes et quelle cavalerie! des fantassins, six ou sept cents étoient bien armés, mille autres l'étoient à-peu-près, les autres bran-

---

[1] Mém. de M. de Guise, liv. II, p. 168, 169, 170.—Modéne, tom. II, ch. xviii, p. 326. — Lorédan, p. 55.

[2] Liv. II, p. 173.

dissoient des sabres ou des épieux mal ferrés. Un détachement de lazzaroni n'étoit armé que des crocs dont ils se servent pour diriger leurs barques ; la plupart ne portoit que des bâtons brûlés par le bout. Pour la cavalerie, ceux qui étoient montés l'étoient sur des chevaux de carrosse enlevés dans la ville, les autres marchoient à pied avec de grandes bottes, et de larges ceintures où il n'y avoit point de pistolets. Quatre pièces de canon, qui composoient l'artillerie, suivoient des chariots remplis de boulets qui n'étoient pas de calibre et deux caissons qui contenoient en tout quatre cents livres de poudre. C'étoient là les munitions, les équippements que, depuis un mois, Gennaro Annèse, Agostino del Lieto, et quelques autres entrepreneurs de cette espèce, avoient rassemblés à grands frais pour délivrer la ville et le royaume de Naples [1]. C'étoient là ces troupes tant promises à Henry de Lorraine! Mais M. de Guise n'avoit point à hésiter : la flotte Françoise qu'il avoit annoncée n'arrivoit point ; Gennaro Annèse commençoit à répandre parmi le peuple des murmures contre l'inutile présence du prince François ; une ac-

[1] Mém. de M. de Guise, liv. II, p. 165 et 166.
Modène, II.e part., ch. xviii, p. 321 et 327.

tion d'éclat étoit nécessaire, et le duc de Guise conduisit cette belle armée loger entre Giugliano et Sant' Antonio, bourgs assez populeux sur la route d'Averse, près d'une petite rivière qui, vers ce point, coupe la route en plusieurs endroits. Ce qu'on auroit peine à croire, c'est que l'apparition de ce corps de troupes jeta le trouble parmi les Espagnols. Vincent de Tuttavilla qui les commandoit renforça ses postes, jeta des éclaireurs dans la campagne [1], et dépêcha vers le duc d'Arcos et vers don Juan d'Autriche pour les engager à presser les négociations que, du haut du château Saint-Elme, ils avoient entamées avec quelques uns des chefs populaires. M. de Guise arrivoit avec la secrète volonté de se rapprocher de la noblesse enfermée dans Averse ; pour lui, la révolution étoit dans la noblesse : pour les Espagnols, elle étoit dans le peuple. La guerre, entre eux, n'étoit qu'un intermède nécessaire.

Dès le lendemain, les Espagnols recommencèrent à pratiquer dans Naples Vincenzo d'Andrea, Agostino Mollo et quelques uns de ceux que la confiance de M. de Guise rendoit plus utiles à séduire et plus habiles à tromper. Dès le lendemain

[1] Piacente, Hist. mss., liv. IV, p. 10.

CHAPITRE XI. 203

aussi, un moine, que Henry de Lorraine avoit amené avec lui, partit à pied, son chapelet à la main, pour aller dans Averse chercher ceux de la noblesse dont il espéroit se faire entendre [1]. A Giugliano comme à Capo di Monte, les deux jeunes chefs attendoient avec la même impatience, et nourrissoient le même espoir. Vers le midi, quelques coups de canon, tirés en dehors du port de Naples, vinrent jusqu'aux forteresses Espagnoles, avertir D. Juan d'Autriche qu'il se passoit quelque événement extraordinaire. Il courut : c'étoit la flotte Françoise, qui, le vent en poupe et les voiles tendues, arrivoit en bon ordre, et, déployant auprès du Pausilippe ses vingt-quatre vaisseaux chargés de 4,000 hommes de troupes, venoit, sous le vent de la flotte Espagnole, apporter enfin au peuple de Naples ce secours promis si long-temps [2]. Un conseil fut assemblé à la hâte, mais une terreur subite glaça les partisans de l'Espagne. Le seul D. Juan conservoit son sang-froid, parcequ'il n'a-

[1] Mém. de M. de Guise, liv. II, p. 177.

[2] Journal mss. du duc de Richelieu. Raccolta I di docum. mss., p. 269 et 270.

Mémor. mss. por lo sen. embax. de Espana. Racc. I di docum. mss., p. 226 et 227.

voit rien perdu de son courage : il déclara qu'il alloit monter sur ses galères, profiter de la faute que les François avoient commise en s'embossant à Chiaia au lieu de combattre, et détruire tout d'un coup, ou satisfaire en un moment, les espérances des rebelles [1]. De son côté, le duc de Richelieu, amiral de la flotte Françoise, s'apprêtoit à attaquer, pour peu que le vent se soutînt [2], et M. d'Estrades, qui commandoit les troupes, avoit fait ses dispositions pour l'abordage; M. Dumez et le chevalier Garnier devoient conduire l'escadre de droite, Montade et le jeune Duquesne, l'escadre de gauche. Tout étoit prêt. Le vent changea dans la nuit [3]. Alors, il devint favorable aux Espagnols, qui comptoient deux fois plus de galères que les François, qui étoient maîtres des forts, qui avoient à Procida des relâches assurées. Mais alors le conseil refusa obstinément à D. Juan d'Autriche l'autorisation de combattre, et voulut que les soldats, mis à terre un mois auparavant, fussent réembarqués d'abord sur leurs vaisseaux. D. Juan obéit, la

---

[1] Modéne, III° part., ch. 1, p. 7 et 8.
[2] Journal mss. du duc de Richelieu, l°. c°., p. 270.
[3] Journal mss. du duc de Richelieu, l°. c°., p. 271.

rage dans le cœur¹. Ah! disoit-il, l'autre don Juan d'Autriche étoit plus libre aux rives de Lépante!

Pendant ce temps, Henry de Lorraine se croyoit aussi près de la victoire, et la voyoit de même échapper à ses mains. Il étoit à Giugliano, prêt à se mettre à table, lorsqu'un officier, arrivant à toute bride, lui annonça qu'un de ses mestres-de-camp, envoyé en partisan dans la campagne, avoit poussé jusques aux murs d'Averse, où l'ennemi l'avoit attiré, et que là un combat très vif venoit de s'engager à l'improviste. Le duc de Guise, renversant la table à demi-servie, s'élança aussitôt sur les pas de l'officier; les trompettes sonnèrent à cheval; Modéne rassembla en hâte quatre ou cinq cents hommes pour les envoyer sur la route; et d'Orillac, prenant avec lui l'escadron de garde, courut à toute bride sur le chemin d'Averse pour escarmoucher, et donner à l'infanterie le temps d'arriver. Ce chemin étoit assez large, mais bordé des deux côtés par des fossés profonds, et s'engageoit, au passage de la rivière, sur un pont étroit et de quelque longueur, appelé le pont de Frignano. Les ennemis, débordant le corps qui s'étoit avancé

¹ Modéne, IIIᵉ part., ch. 1, p. 8 et 9.

sous les murs d'Averse, avoient marché jusque par-delà le pont, et se glissoient le long des oliviers qui ombragent la route. D'Orillac arriva au galop; il avoit la vue basse, ne reconnut point les Espagnols, et tomba percé de coups. Ses gardes prirent la fuite, revinrent en désordre, et culbutèrent l'escadron de volontaires à la tête desquels arrivoit M. de Guise. Guise fut jeté dans un fossé, ses cavaliers lui passèrent sur le corps; il remonta à cheval et les rejoignit. Déja l'on étoit à deux mille pas plus loin que le pont, tout fuyoit, les officiers Napolitains jetoient leurs épées : à peine s'en falloit-il un moment que toute l'armée ne fût ramenée au galop jusque dans les faubourgs de Naples. Henry de Lorraine gagna la tête des fuyards, rallia trente hommes, et retourna, tout d'un élan, sur les ennemis qui s'étoient débandés à la poursuite. Il rompit deux escadrons l'un après l'autre, prit leur lieutenant de sa main, et les rejeta de l'autre côté du pont; mais là s'étoit embusquée l'infanterie ennemie, elle tiroit à bout portant : de ses trente hommes, quatorze furent tués sur-le-champ, le reste prit la fuite. Cependant, les escadrons Espagnols se reformoient, ils repassoient le pont au galop, leurs mousquetaires ne cessoient de tirer, et M. de Guise, resté seul avec un seul homme, contenoit leur effort et bravoit leurs atteintes. Un officier ennemi, le prince de Minorvino, poussa jusqu'à lui, et vint, d'un coup d'épée, abattre le dernier soldat à la tête de son cheval; à moi, s'écria Guise, à moi, prince! et, saisissant un pistolet, il courut sur lui à toute bride. Dans ce moment Cerisantes et le baron de Modène arrivoient au pas de charge avec leur infanterie. Le danger étoit pressant, ils le rendirent plus grand encore. L'infanterie tira en marchant, une portion de la noblesse Espagnole fut tuée; mais Henry de Lorraine eut les cheveux brûlés, l'habit percé et le chapeau déchiré de balles. Les Espagnols répondirent par une autre décharge. Guise, Guise, s'écria le jeune homme, et, jetant ses pistolets, il fondit sur eux l'épée à la main. Les ennemis reculèrent, et, en cet instant, le corps Napolitain engagé sous les murs d'Averse parut dans la plaine, libre et regagnant sa position première. Le but de la journée étoit rempli; Guise fit faire volte-face à son infanterie; et, conduisant la retraite, il se retira le dernier, toujours en vue de l'ennemi, toujours tirant, et plus redoutable, la tête nue et l'épée à la main, que ces soldats couverts de fer, qui l'admiroient et n'osoient l'approcher [1]. Le soir vint; chacun reprit ses positions: Guise n'étoit pas vainqueur, mais il avoit montré à la noblesse enfermée dans Averse, qu'il y avoit dans ce jeune général un François, un gentilhomme, et un héros peut-être. Mais si mademoiselle de Pons apprenoit cette action, elle devoit être contente de l'amant qui combattoit pour elle.

[1] Mém. de M. de Guise, liv. II, p. 179 et suiv.
Piacente, Hist. mss., liv. IV, p. 10 et suiv.
Modéne, II° part., ch. xix, p. 347 et suiv.
Lorédan, p. 57 et suiv.
Lettre mss. de M. de Cerisantes à M. de Fontenay, fol. 7. Raccolta II di docum. mss.

CHAPITRE XII.

Établissement du duché de Naples.

Décembre 1647 et janvier 1648.

Ce qui arrive le moins souvent dans les affaires humaines, est ce qui sembloit le plus probable. L'exemple en fut frappant dans l'occasion que nous venons de raconter. M. de Guise venoit d'éprouver un échec, il en tira de l'avantage. La flotte Françoise venoit comme pour assurer toutes ses espérances, elle lui fit un tort considérable. La trahison de quelques chefs populaires sembloit devoir le ruiner, et elle le rendit plus puissant que jamais. Il semble que le ciel ait donné aux hommes des passions, pour se réserver le moyen de les conduire hors de leurs volontés et de leurs calculs. Il étoit probable aussi que les Espagnols profiteroient, et de l'échec d'Averse, pour tenir la campagne, et du vent qui portoit les François à la côte, pour les attaquer avec avantage. Ils ne firent ni l'un ni l'autre. M. de Richelieu, au contraire, leur brûla quatre vaisseaux devant Castellamare, et les partisans, envoyés par M. de Guise, se répandirent depuis Sant'Agatha jusques en Calabre [1]; mais ce fut tout. Le danger vint jusqu'aux Espagnols, les entoura, se montra, pour ainsi dire, à eux, et se retira. Jamais ils n'avoient été si près de leur perte qu'au moment où ils échappèrent. Ce fut la faute de tout le monde, excepté de M. de Guise.

Les gentilshommes Napolitains du parti Espagnol avoient été charmés de la bravoure de Henry de Lorraine à l'attaque du pont de Frignano. Des procédés, où son caractère chevaleresque dont il ne parloit pas avoit plus de part que sa politique dont il parloit sans cesse, achevèrent la bonne intelligence entre eux, et, dès le lendemain du combat, ils se réunirent, sous un prétexte assez léger, dans l'église des Capucins d'Averse. Le duc d'Andria, chef de l'illustre mai-

---

[1] Journal mss. du duc de Richelieu, l°. c°. Mém. de M. de Guise, l. II, p. 218.

    Dépêche en chiffres du marquis de Fontenay au cardinal Mazarin, du 30 décembre 1647.

    Lorédan, p. 59 et suiv. — Modène, III° part., ch. II, p. 42 et suiv.

    Lettera d'avvisi del 24 décembre 1647. Racc. I di docum. mss., p. 167 et suiv.

    Continuazione di raconti di Napoli delli 22, 24 et 29 décembre 1647. Racc. II di docum. mss., p. 167 et suiv.

CHAPITRE XII.

son Caraffa, seigneur de belle apparence et d'agréable langage [1], qui portoit la parole au nom de la noblesse, proposa au duc de Guise d'échanger le pouvoir temporaire qu'il tenoit des Napolitains contre une principauté indépendante sous la protection de l'Espagne [2]. Les établissements de ce genre n'étoient point rares à cette époque : le prince Thomas de Savoie, dont le fils étoit destiné à la nièce de Mazarin, formoit des projets sur les présides de Toscane, et Dona Olympia, belle-sœur du nouveau pape, vouloit obtenir pour elle, sous le patronage de la France, l'investiture de la principauté de Piombino, comme le prince Ludovisio l'avoit eue sous la suzeraineté de l'Espagne [3]. M. de Guise proposa que la noblesse, en-

---

[1] De Santis, liv. VIII. p. 375.

[2] Piacente, Hist. mss., liv. IV, p. 13.—Mém. de M. de Guise, liv. II, p. 195 et suiv. — Modène, II° part., ch. xix, p. 336 et suiv, — Dépêche de M. de Cerisantes à l'abbé de Saint-Nicolas, du 17 décembre 1647. Négociat. de Saint-Nicolas, tom. V, p. 342 et suiv. — Nicolaï, liv. IV, p. 334.

[3] Dépêche mss. du cardinal Mazarin à M. de Fontenay, du 15 novembre 1647.

Dépêche en chiffres de M. de Fontenay au cardinal Mazarin, du 23 décembre 1647.

Dépêche mss. du cardinal Mazarin à M. de Fontenay, du 25 novembre 1647.

14.

fermée dans Averse, abandonnât les drapeaux Espagnols, et se réunît à lui pour fonder une république indépendante. Ni l'une ni l'autre proposition n'étoit sincère. Le duc d'Andria cherchoit à rendre M. de Guise suspect à ses partisans, M. de Guise à mettre la noblesse Napolitaine en querelle avec l'Espagne, et tous deux à se préparer pour l'avenir des moyens d'accommodement. Le duc d'Andria rentra dans Averse, et le duc de Guise, laissant au baron de Modéne le commandement du siège, revint à Naples recevoir la flotte et les envoyés de France.

Mais la première instruction donnée au duc de Richelieu qui conduisoit la flotte, au comte d'Estrades qui commandoit les troupes de débarquement, à l'abbé Baschi qu'on avoit envoyé avec eux, c'étoit de ne traiter qu'avec Gennaro Annèse, généralissime du peuple de Naples [1]. Ce Gennaro n'étoit qu'un misérable sans talent et sans honneur; il avoit trahi Mazaniel, il n'étoit pas éloigné de trahir M. de Guise. Ses seuls partisans étoient dans les classes inférieures du peuple [2];

[1] Mém. de M. de Guise, liv. II, p. 221.
[2] Avvisi dati dal Padre Gattola, a di 27 gennaro 1648. Raccolta I di docum. mss.

son plus beau titre au commandement étoit d'avoir trempé ses mains dans le sang des victimes de la révolte; son plus utile partisan avoit été le cuisinier du couvent des Carmes [1]; mais il étoit généralissime du peuple, reconnu par les ministres de France; mais Mazarin ne desiroit pas que M. de Guise fît des progrès trop rapides dans les provinces Napolitaines. C'est, disoit-on, au généralissime que l'on devoit s'adresser pendant le temps que la flotte Françoise demeureroit en vue de Naples et de ses rivages.

Il n'étoit pas besoin de cet outrage pour décider Henry de Lorraine à se délivrer de l'odieux collègue que lui avoient, depuis un mois, imposé les caprices populaires. Ce n'est pas là toutefois ce que le prudent Lorenzo Tonti lui avoit conseillé [2]; mais, au nombre des vertus difficiles, la plus difficile, peut-être, est la modération dans le succès, parcequ'on la prend souvent pour de la timidité. Henry de Lorraine étoit jeune et prince, tous ses souvenirs justifioient ses espérances; il parloit et le peuple se taisoit à sa voix; il combattoit, et les ennemis se dispersoient devant lui. Son

---

[1] Modène, II° part., ch. 7, p. 109.
[2] Vid. suprà, ch. IX, p. 162 et 163.

voyage avoit été fabuleux, ses premiers efforts couronnés par la gloire; en ce moment, les villes de Pouille et de Calabre se déclaroient pour sa cause, Itri avoit ouvert ses portes, Fondi et Salerne venoient de se soumettre, Averse étoit au moment de se rendre; la partie saine du peuple se rattachoit à lui, la noblesse le voyoit d'un œil favorable: et il eût fallu s'abandonner à la populace, s'éloigner de la noblesse, partager la fortune et les dangers avec un armurier couvert de sang! et l'Europe eût dit que M. de Guise commandoit les armées sous ce chef misérable! et mademoiselle de Pons n'auroit recueilli de la gloire de son amant, que ce que Gennaro Annèse eût daigné lui en assigner en partage! Guise avoit réfléchi comme les gens passionnés réfléchissent: et il résolut de montrer à l'escadre Françoise, aux ministres, à mademoiselle de Pons, à l'Europe attentive, que Henry de Lorraine ne souffroit pas plus d'égal que Mayenne, son oncle, pas plus de maître que François de Guise, son aïeul.

En prenant cette résolution, le duc de Guise croyoit porter un coup terrible aux partisans de l'Espagne, et ce furent les partisans de l'Espagne qui décidèrent son triomphe dans cette même lutte où

CHAPITRE XII.

il venoit de s'engager. Tandis qu'il prenoit ses premières mesures, un conseil, assemblé par D. Juan d'Autriche, avoit délibéré à Capo di Monte sur la situation présente des affaires. On étoit informé déja du peu d'accord qui existoit entre M. de Guise et les chefs de l'armée Françoise : on avoit considéré que le duc de Richelieu et le comte d'Estrades seroient plus portés à favoriser Gennaro Annèse, qui avoit toujours besoin de la France, que le duc de Guise dont, à Rome même, les ministres François désavouoient, en quelque sorte, le départ et l'entreprise [1], qui travailloit pour lui seul, qui s'étoit fait déja trop d'amis et trop de créatures : et le duc d'Arcos en avoit conclu que le véritable danger pour la monarchie Espagnole étant dans l'appui que la France pouvoit prêter à l'un ou l'autre de ces deux chefs rivaux, c'étoit Annèse qu'il falloit abattre, puisque la France étoit portée à le secourir, et Guise qu'il falloit soutenir, puisque la France étoit disposée à l'abandonner. Tout le conseil

---

[1] Dépêche en chiffres de l'abbé de Saint-Nicolas au cardinal Mazarin, du 12 janvier 1648.

Dépêche en chiffres de M. de Fontenay au cardinal Mazarin, du 16 décembre 1647.

Espagnol avoit adopté cette idée, et les partisans secrets sur lesquels le duc d'Arcos conservoit son influence, Vincenzo d'Andréa, provéditeur général du peuple, Diego Zuffia, l'un des régents chargés de l'administration de la justice, Agostino Mollo, conseiller et secrétaire du duc de Guise, le prince de la Rocca, qui, demeuré dans la ville, étoit considéré comme l'un des chefs du parti des Capes Noires, reçurent en secret des instructions auxquelles ils se conformèrent [1].

De son côté, Henry de Lorraine avoit donné aux chefs populaires, sur lesquels il croyoit pouvoir compter davantage, ses directions et ses ordres. Le 22 décembre, à neuf heures du matin, Onofrio Pissacani, Carlo Longobardo, Grassullo de Rosa, et trois autres capitaines dévoués au duc de Guise, mirent leurs compagnies en bataille sur la place du marché. Les gardes du prince montèrent à cheval, et le conseil commun arriva chez lui, conduit par le père Vincent Capèce, son confesseur, dominicain fort habile, fort entendu en affaires, et qui avoit passé toute la nuit à préparer les esprits que les partisans de l'Espagne n'avoient eu que trop soin de disposer

---

[1] Modène, III.ᵉ part., ch. 1, p. 22 et suiv.

d'avance. Le duc de Guise partit de la messe, accompagné de Vincenzo d'Andrea et d'Agostino Mollo; et, se plaçant au milieu d'eux avec ce front serein, cet air bienveillant, cette manière haute et simple à-la-fois qui sembloit être un des apanages de sa maison :

« Messieurs, leur dit-il, en italien qu'il parloit avec une facilité remarquable, je ne vous eusse point rassemblés ici, peut-être, si les intrigues de la nuit précédente, les propositions de Gennaro Annèse, les dangers où son imprudente haîne peuvent, dès aujourd'hui, mettre l'état, ne m'en eussent imposé la nécessité. La nuit dernière, et dans une assemblée de ses plus confidents, j'en parle sans crainte, car personne ici ne peut être confident de Gennaro Annèse, la nuit dernière, Gennaro a demandé qu'on ne me fournît plus d'argent ni de secours, je le sais, j'en ai l'assurance[1]. C'étoit au moment même où, seul et l'épée à la main, je défendois contre vos ennemis la capitale de ce royaume. Il n'a pas demandé qu'on mêlât dans ma nourriture le poison, qu'on tirât derrière ma tête les arquebusades qui pouvoient me donner la mort; mais ce qu'il n'a pas demandé, messieurs,

[1] Lorédan, p. 79.

vous savez si on l'a fait. Je n'accuse personne, et veux oublier ce qui ne regarde qu'un prince de la maison de Guise. Mais ce qui importe aux intérêts de l'état, aux vôtres, aux destinées de ce royaume, voilà ce qui me touche, voilà ce que l'incapacité de Gennaro expose chaque jour, voilà ce dont il faut que vous décidiez en ce moment. Témoins des actions d'Annèse, vous savez si le commandement a éclairé son ignorance, si le pouvoir a enchaîné son avidité. La révolution semble n'avoir été faite que pour l'enrichir. Le bastion des Carmes, ce berceau de votre liberté, est devenu le réceptacle de ses brigandages; et tout ce qu'une longue possession avoit mis dans ces vieilles familles contemporaines de vos pères, les parures que des femmes pieuses portoient dans vos solennités, les économies destinées à doter les jeunes enfants que vous aviez vus naître ou les monastères qui attestent l'ancienne piété que saint Janvier vous donna, vont s'enfouir incessamment entre les murailles où Gennaro Annèse les cache à tous les yeux. Aucune police n'est observée dans la ville : chaque jour le blé manque au milieu des plus fertiles provinces d'Italie; et, sans les achats que j'en ai fait faire, le fidèle peuple de Naples eût plus souffert sous le despotisme d'un de ses concitoyens, que sous le barbare gouvernement des Espagnols. Jusques au jour de mon arrivée, aucune entreprise de guerre n'avoit signalé le courage dont vous êtes si disposés à donner des preuves. Les Espagnols, que votre généralissime a laissé rentrer dans les postes les plus forts, dominent la ville du haut de leurs châteaux, parceque Gennaro Annèse n'a pas osé les en chasser quand il le pouvoit encore; les peuples d'Otrante, de Lecce, de la terre de Bari, sont restés attachés au parti des Espagnols, parceque Gennaro Annèse n'a pas su traiter avec eux; la noblesse, sans laquelle il est difficile de pacifier les campagnes dominées par ses châteaux forts, s'est éloignée de nous parceque Gennaro Annèse n'a pas voulu vous acquérir son appui. Et, pour tout dire enfin, les puissances étrangères, le pape notre suzerain, les Espagnols eux-mêmes, effrayés d'abord au temps de Mazaniel, n'attendent plus de nous qu'une soumission forcée, parceque Gennaro Annèse n'inspire ni confiance ni crainte. Est-ce donc là ce que vous avez voulu, messieurs? N'avez-vous pris les armes, troublé votre repos, exposé vos enfants et vos femmes, et couru au milieu des dangers, que pour voir les

Espagnols dans vos forteresses, la disette dans vos villes, la noblesse armée contre vous, l'Europe ennemie, l'Espagne menaçante? Et le bonheur de contempler Gennaro Annèse, un bâton de commandement à la main, signant des lettres qu'il ne peut lire, et s'endormant tandis que vous combattrez pour lui, compensera-t-il pour vous des périls si grands qu'ils étonneroient tout autre courage que les vôtres? Malheureux Mazaniel! Infortuné Toralto! Votre mort et le sang des Napolitains n'auront-ils servi qu'à enrichir celui qui vous assassina? »

Un murmure sourd et menaçant suivit ces paroles. Guise avoit remis sous les yeux de la compagnie tout ce qui devoit rendre odieuse la grandeur de Gennaro, et, de même que toute compagnie est peuple[1], de même le peuple ne se prend jamais si facilement que lorsqu'il croit découvrir ce qu'on fait exprès de lui montrer. Les capitaines des ottines, autrefois compagnons d'Annèse, faisoient des gestes d'indignation, les régents de la ville s'agitoient, le père Capèce promenoit de visage en visage ses regards approbateurs, les députés populaires se disoient entre eux : Voilà un brave prince,

---

[1] Retz, Mémoires.

CHAPITRE XII.

et qui aime bien le peuple ! Henry de Lorraine reprit :

« Lorsque je suis arrivé au milieu de vous, messieurs, je n'ai demandé ni garantie ni promesse. J'étois à Rome, j'y étois paisible, ami du pape notre seigneur, allié de la maison royale de France, petit-fils de ces princes d'Anjou, qui ont été si long-temps les rois de vos pères. J'ai tout abandonné dès que vous m'avez appelé : le souvenir de Réné d'Anjou m'en faisoit une loi, et, comme le bon roi Réné, je suis venu vous défendre de la tyrannie Espagnole. Vous m'avez mis auprès d'Annèse : je ne m'en suis point défendu, et j'ai servi sous celui que je n'aurois pas reçu domestique de ma maison. Cependant, et deux mois à peine écoulés, j'ai regagné une partie des postes qui vous avoient été ravis, j'ai pourvu à l'équipement et à la solde de vos troupes, j'ai repoussé les ennemis prêts à vous forcer jusque dans Naples même. Depuis mon arrivée, Salerne est rendue, le château de Fondi est tombé en nos mains, et les Espagnols vous craignent enfin, parcequ'ils vous connoissent. La noblesse, que chaque jour on animoit contre vous, s'est rapprochée de moi, de vous par conséquent, et vous demanderoit alliance si votre chef étoit de nature à lui garantir votre foi. Je vous ai promis le secours de la France; la flotte Françoise est mouillée sous vos rivages, et son arrivée vous annonce d'autres secours encore. Ce que j'ai fait, messieurs, je vous le devois, je ne le rappelle que pour que vous m'accordiez quelque confiance au moment où je vous entretiens de vos intérêts qui me sont plus chers que les miens. Tant qu'Annèse conservera parmi vous l'odieux pouvoir qu'il s'est arrogé, car ce n'est point une élection libre qui l'a mis à votre tête, ne comptez ni sur la modération des Espagnols, ni sur l'adhésion de la noblesse, ni sur l'assistance des étrangers; ne comptez même pas sur vous; son ineptie, son avidité, rendroient inutiles votre dévouement et votre courage. Un autre chef suprême peut seul vous rendre la paix au-dedans, au-dehors la sûreté, aux yeux du monde votre indépendance; votre indépendance, messieurs, l'objet de tous vos vœux, de tous vos efforts, et que vous avez déjà si chèrement achetée! Général de vos armées, soldat avec vous, citoyen de votre ville; car le droit de bourgeoisie parmi vous est tout ce que je réclame du royal héritage de mes pères, je vous ai servi de ma puissance et de mon épée, je suis prêt à vous servir encore, mais d'une manière utile pour vous, glorieuse pour moi, comme il appartient à un Guise, comme il convient à un chef du peuple de Naples, comme chef suprême, comme généralissime et défenseur de la république Napolitaine. Ce que j'attends de vous, messieurs, c'est le devoir, c'est l'obligation plus rigoureuse encore de vous servir, de vous délivrer, je l'espère. Il n'est plus votre général, ce Gennaro qui s'est dégradé lui-même. A la place de ce malheureux voulez-vous un prince? voulez-vous un général heureux à la place d'un lâche? ou plutôt, et sans faire à cet armurier l'honneur d'en parler encore, voulez-vous pour marcher devant vous au combat, avec vous au conseil, derrière vous aux solennités religieuses, un homme qui vous aime, que vous aimez peut-être, et qui vous offre son nom, son épée, sa fortune, et sa vie? Parlez, messieurs, votre suffrage doit être libre, sans contrainte. Rappelez-vous seulement qu'il s'agit de repousser l'Espagne, de ramener la noblesse, d'obtenir le secours de la France, et que celui qui peut le faire [1], est un descendant de la maison d'Anjou. »

[1] Mém. de M. de Guise, liv. III, p. 225, 226, 227. — Modéne, IIIe part., ch. 1, p. 29 et 30.

Un applaudissement unanime suivit ce discours; le conseil, les députés, les capitaines, s'écrièrent qu'ils ne vouloient plus vivre et mourir que sous le commandement de M. de Guise; et tous, au même instant, se jetèrent dans la place du marché pour y proclamer le nouveau généralissime. Le peuple accueillit cette proclamation avec des cris de joie : les compagnies postées dans le marché firent feu; le peuple se répandit dans les rues en criant: Vive M. de Guise [1]. D'une fenêtre du palais, le duc d'Arcos sourit à ces transports d'une ivresse passagère, et du haut du bastion où il s'enfermoit, Annèse tremblant dès qu'il entendoit un bruit de guerre, demanda si l'on attaquoit les postes ou l'église des Carmes.

Comme il parloit, Agostino Mollo et Antonio Scacciavento, députés par le duc de Guise et par le conseil, parurent devant lui, avec cet air de commisération et d'insolence qu'on a toujours en annonçant la disgrace. Annèse se fit répéter deux fois leur message : on lui offroit le grade de lieutenant-général sous le duc de Guise, le gouvernement du château neuf aussitôt qu'on s'en seroit rendu maître, une terre avec le titre de prince, et cinquante

[1] Mém. de M. de Guise, liv. III, p. 229 et 230.

mille écus de rente pour lui et les siens. C'étoit beaucoup pour un armurier de l'île Saint-Barthélemy; mais cet armurier avoit goûté du pouvoir souverain et du pouvoir révolutionnaire : il étoit orgueilleux et violent, il se sentoit soutenu par la France, ou du moins par l'abbé Baschi, l'émissaire principal de Mazarin, il se croyoit sûr du peuple, parcequ'il étoit du peuple lui-même; il refusa, d'une voix altérée, les propositions qui lui étoient faites, s'élança sur un cheval et courut dans la ville en appelant la populace aux armes contre M. de Guise¹. Il se révolte! s'écria le duc en apprenant cette nouvelle, il en mourra le misérable! croit-il qu'Ameline et Louchard aient impunément assailli mon oncle de Mayenne? Le père Capéce réussit à calmer l'emportement de cette humeur altière. Luigi del Ferro arriva, un chapelet d'une main et un poignard de l'autre, assurant qu'il alloit décider Annèse ou le tuer sur la place². Cette violence ne fut pas nécessaire, Annèse avoit parcouru les ottines, passé dans les rues, harangué le peuple à la porte des églises sans qu'aucun

---

¹ Mém. de M. de Guise, liv. III, p. 229. — Modéne, III° part., ch. 1, p. 30.

² Lorédan, p. 85 et 86.

parti s'élevât en sa faveur : il se vit abandonné, il demanda grace. L'état de tribun du peuple est le plus bas qu'il y ait au monde quand il n'est pas revêtu de force[1]. Vers le soir, M. de Guise fit ordonner à Gennaro Annèse, son lieutenant-général, de se rendre le lendemain à l'église des Carmes pour y déposer son bâton de commandement; et s'il n'obéit, ajouta le prince, je lui ferai trancher la tête au milieu du marché, j'y ferai exposer son corps là où il a fait exposer celui de ses victimes. Annèse obéit.

Le samedi 23 décembre, le duc de Guise entouré d'un nombre assez grand de seigneurs et de chefs populaires, descendit au couvent de Saint-Augustin où, par un acte authentique, on le déclara, pour une année, duc et chef suprême de la ville et république de Naples. Il parut au marché où un commencement de sédition s'élevoit, et il la calma par sa présence. Prince, s'écria l'un des plus mutins, je t'aimerois, car saint Janvier te protége, si tu n'étois né en terre étrangère. Moi, reprit Henry de Lorraine, je suis né sur la chaloupe qui m'a conduit en ces lieux et j'ai été baptisé sur le môle[2]. — Tout le peuple applaudit à sa réponse,

---

[1] Retz, Mém., liv. II, p. 265.

[2] Lorédan, p. 101 et 102. — Mém. de M. de Guise, liv. III, p. 234.

et le cortége se rendit à l'église Notre-Dame des Carmes. Gennaro Annèse y attendoit le prince, non plus comme aux premiers jours, pour lui disputer la préséance, non plus en prenant place avant lui devant l'autel, mais à genoux, la tête inclinée et le cœur gonflé de honte et de rage. Il signa sur le balustre sa renonciation authentique, il déposa son bâton dans les mains du duc de Guise; et, lorsqu'on entonna le Te Deum d'actions de graces, il regarda, plein d'un indicible effroi, cette porte du cloître où, pendant un Te Deum semblable, Mazaniel avoit passé aussi, et n'avoit passé que pour aller mourir. Mais Henry de Lorraine ne versoit point de sang. La cérémonie s'acheva[1] : une proclamation solennelle annonça aux troupes et aux provinces le nouveau chef que venoit de leur donner la République[2] : une amnistie pleine et entière fut accordée aux prisonniers[3] : les ordres furent donnés à la monnoie de frapper des espéces à l'écusson de la République et au nom

---

[1] Mém. de M. de Guise, liv. III, p. 235 et 236.

[2] Dichiaratione universale dell' attione fatta questa matina, 23 décembre 1647. Raccolta II di docum., p. 168.

[3] Gratia generale per tutti li prigion., etc. etc. Raccolta II di docum., p. 173.

de M. de Guise[1] : les armes de Lorraine substituées à celles de France[2], s'unirent par-tout, dès le même jour, aux armes du sénat et du peuple de Naples. Il faut que la souveraineté soit facile tant on en prend rapidement les habitudes.

Dès le même jour, Taillade, gentilhomme François, alla, de la part du prince, annoncer au duc de Richelieu, à l'abbé Baschi, au comte d'Estrades que, puisqu'ils vouloient traiter avec le généralissime du peuple de Naples, ils ne devoient désormais s'adresser qu'à M. de Guise. Ils ne firent plus d'objection, lui offrirent de mettre les troupes à terre, et ne les débarquèrent pas, déclarèrent qu'ils étoient à ses ordres, lui donnèrent un peu de poudre et point d'argent, et se disposèrent à lever l'ancre. Mais avant de partir, Richelieu attaqua et dispersa la flotte ennemie, le chevalier Paul brûla quatre galères Espagnoles[3]; à peu de

---

[1] Vergara, monete del regno di Napoli, p. 120 et 121.
Dépêche de M. l'abbé de Saint-Nicolas au cardinal d'Est, du 11 janvier 1648. Négociat. de Saint-Nicolas, tom. v, p. 363. — Lorédan, p. 112 et suiv.

[2] Dépêche à M. l'abbé de Saint-Nicolas, du 27 janvier 1648. Négoc. de Saint-Nicolas, tom. V, p. 377.

[3] Journal mss. de M. le duc de Richelieu, p. 273 et suiv. Raccolta I di docum. mss.

CHAPITRE XII. 229

temps de là, l'on sut que la province de Salerne étoit soumise.¹ ; un peu plus tard qu'Averse, abandonnée par les Espagnols, étoit occupée par le baron de Modène ²; puis qu'Avellino s'étoit rendue; que Capoue, pressée de toutes parts, commençoit à douter de sa propre fidélité; que les seigneurs du royaume, émus par l'exemple d'un Caracciolo, d'un Caraffa, d'un Ottaviano, se divisoient et pensoient à faire leur paix séparée.³ Enfin l'on vit le duc de Tursi, le prince d'Avella, D. Prosper Sualdo, trois des chefs les plus considérables du parti Espagnol, l'un allié à tout ce qu'il y avoit de grand dans Naples, dans Gênes et dans Rome, l'autre destiné à être vice-roi à la place que le duc d'Arcos ne pouvoit plus conserver ⁴, tomber tous trois dans une embuscade qu'ils avoient dressée eux-mêmes, et se rendre prisonniers du général François, dont ils ne purent s'empêcher d'admirer la noblesse et la bonne grace.⁵. Au milieu de tant de prospérités sans cesse re-

¹ Modène, III.ᵉ part., ch. II, p. 78.
² Modène, III.ᵉ part., ch. III, p. 103 et suiv.
³ De Santis, liv. VIII, p. 389.
⁴ Dépêche en chiffres de M. de Fontenay au cardinal Mazarin, du 13 janvier 1648.
⁵ Mém. de M. de Guise, liv. III, p. 293 et suiv.

naissantes, à peine M. de Guise eut-il à s'apercevoir du départ de la flotte Françoise. Les bons jours étoient venus. On eût dit que la fortune des Guise étoit ressortie des tourelles de Blois ou des remparts d'Orléans. Le trône où Henry de Lorraine vouloit placer mademoiselle de Pons, ce trône environné de tant de dangers, mais promis à tant d'amour, sembloit s'élever sous ses mains victorieuses. Ce trône étoit à lui s'il eût su l'attendre; et cependant, il faut le dire, quelle que fût l'impétuosité de son caractère, la jeunesse de son esprit et de ses goûts, il s'appliquoit à s'en rendre digne, et, plus maître encore de lui-même que de sa fortune, il cherchoit à prouver aux Napolitains qu'il eût pu tenir un sceptre comme il savoit porter une épée.

M. de Guise ne voyoit dans le temps présent qu'un gouvernement à diriger et de la gloire à prétendre, dans l'avenir qu'une couronne à recevoir et surtout à donner. Il oublia sans peine An-

— Dépêche de M. l'abbé de Saint-Nicolas au cardinal d'Este, du 11 janvier 1648. Négoc. de Saint-Nicolas, tom. V, p. 362.

Dépêche de M. de Saint-Nicolas à M. l'abbé Bentivoglio, du 13 janvier 1648. Négoc. de Saint-Nicolas, tom. V, p. 366.

De Santis, liv. VIII, p. 390 et suiv. — Lorédan, p. 114 et suiv.

nèse et ses complots, Mazarin et sa dissimulation :
il se consacra tout entier à ses nouveaux sujets, à
leurs besoins, à leur défense. Il ne se souvint pas
assez de ce mot du vieux prince d'Orange, que
c'est au moment où l'on croit être sûr des grandes
choses qu'il faut redoubler son attention pour les
petites¹, il manqua peut-être de prudence, mais
il ne manqua jamais de dévouement : malheureusement, lorsqu'on a besoin de l'une, on sait peu
de gré de l'autre.

La grande prospérité du nouveau duc de Naples eut une courte durée : ce fut peu pour la
gloire, ce fut assez pour un illustre exemple : et
rarement on vit un homme aimable, jeune, magnifique, étranger par ses habitudes aux affaires,
à la dépendance par ses goûts, à la déférence par
son caractère, et qui pourtant se soumit tous les
jours, à toutes les heures, à des obligations que
partout ailleurs il eût vivement repoussées. Lui-
même ou le secrétaire qui a publié ses mémoires²,
a tracé le tableau de sa vie. Ce n'étoit plus avec
Annèse et dans cette espèce de caverne fortifiée
où Annèse avoit fixé sa demeure, que M. de Guise

---

¹ Retz, Mém., liv. II, p. 369.

² Sainctyon.

avoit établi son quartier général et sa cour. Après avoir habité le couvent des Carmes, il avoit choisi, entre beaucoup de palais abandonnés, celui de Ferrante Carraciolo, prince de San Buono, situé non loin de Saint-Jean de Carbonara [1]. C'est là qu'il étaloit le luxe un peu guerrier dont il aimoit à s'environner, là qu'il rassembloit les conseils, là qu'il donnoit chaque jour ses audiences. Au moment de son réveil, et tandis qu'il s'habilloit, Fabrani, son secrétaire italien, Tilly, son secrétaire françois, Cerisantes et le baron de Modène, quand ils étoient à Naples, lui apportoient les dépêches d'administration, de police ou de guerre, dont, la veille, il avoit indiqué le sens, et lui rendoient compte des événements de la nuit: il signoit, et, pendant ce temps, ses valets de chambre étoient occupés à l'habiller: il revêtoit un habit de gros de Naples vert chargé de broderies en or, il couvroit ses épaules d'un manteau de drap grossier, mais le seul qu'on eût trouvé dans Naples [2], il prenoit l'épée que le cardinal archevêque avoit mise dans ses mains au nom du peuple de Naples, et

[1] De Santis, liv. VIII, p. 386. — Mém. de M. de Guise, liv. III, p. 335.

[2] Mém. de M. de Guise, liv. III, p. 277.

passoit dans la salle, comme on disoit alors, où, assis sous un dais, appuyé contre une table, avec un gentilhomme et un secrétaire debout derrière son siége, il donnoit publiquement audience. Les seigneurs, les officiers et le peuple y étoient admis. Chacun de ceux qui venoient solliciter grace ou justice s'approchoit tour-à-tour et seul, entre deux haies de gardes suisses, expliquoit sa demande à laquelle le prince faisoit droit sur-le-champ s'il y avoit lieu, ou remettoit son mémoire, dont la réponse étoit envoyée au plus tard au bout de deux jours. L'audience finie, M. de Guise s'en alloit entendre la messe dans les églises où l'on célébroit quelque solennité particulière; et, de la messe il revenoit dîner en cérémonie, servi par les officiers de sa maison, entouré de ses gardes, au bruit d'une musique qui étoit, selon lui, des meilleures de l'Europe. Les audiences recommençoient après dîner, et, après les audiences, la visite des postes, les promenades à cheval dans la ville ou dans les jardins publics, promenades faites pour les lazzaroni, pour les pêcheurs, pour les pauvres artisans qui n'auroient pas osé franchir le seuil du palais, ou traversé les haies des gardes suisses, et qui, le bonnet à la main, et le genou à demi-plié, ne craignoient pas d'expliquer leurs intérêts à un prince qu'ils rencontroient dans la rue. Il y a dans le génie des Napolitains quelque chose qui s'accommode admirablement de ce mélange de respect et de familiarité. Ils n'auroient pas frappé sur l'épaule de M. de Guise; mais ils le tutoyoient en l'appelant Altesse. Ils se seroient jetés devant lui s'il eût couru quelque danger; mais ils brûloient des parfums sous le nez de son cheval, et rioient aux éclats quand le cheval effrayé faisoit une pointe. M. de Guise avoit reçu de ses pères le don de parler aux peuples comme il convient, de leur plaire sans les flatter, de s'en faire adorer en s'en faisant obéir. Il étoit aussi de ceux dont on avoit dit : qu'*outre leur valeur et leurs vertus, ils étoient bien courtois, et propres à gagner le cœur de tout le monde* [1].

La nuit venue, c'étoit le tour des officiers de guerre, des capitaines des quartiers, du conseil de la ville. Les uns se présentoient pour recevoir les ordres de service, les autres pour avoir de la poudre et des armes. Le corps de ville venoit rendre compte de la situation de Naples, de l'état des approvisionnements, car, sur-tout en temps de

---

[1] Brantôme, hommes illustres. M. de Guise, p. 209.

révolution, les approvisionnements tiennent une grande place. Au conseil de ville succédoit une sorte de conseil particulier, composé de magistrats choisis dans les différents tribunaux, qui examinoit les placets apportés le matin, et préparoit la décision du prince. Après eux, les portes du palais étoient fermées, les gardes s'éloignoient, les sentinelles de nuit recevoient l'ordre, un souper élégant et somptueux étoit préparé; et Guise, assis à table avec quelques uns de ceux qu'il croyoit le plus fidèles, oublioit un moment les soucis, les combats, les affaires, en causant de la France, en se faisant répéter quelques épigrammes de Blot ou quelques chansons de Marigny, surtout en parlant de mademoiselle de Pons, de ce qu'elle attendoit de lui, de ce qu'il faisoit pour elle : mais alors, et involontairement, ces souvenirs si chers et si doux lui rappeloient la cour de France et ses incertitudes, les fallacieuses promesses de Mazarin, le peu de foi qu'on pouvoit faire sur des secours si pauvrement donnés; et quelquefois les conseils de Lorenzo Tonti, conseils si sages et si vite oubliés, lui revenoient dans la pensée. Alors il se levoit, il se faisoit apporter ses dépêches du jour, les comptes arrivés des provinces ou les rapports envoyés par les généraux : un secrétaire en faisoit la lecture; lui, debout, le regard attentif, et le front sérieux, il se promenoit à grands pas dans la chambre, s'arrêtoit de temps en temps devant le lecteur, indiquoit d'un geste ou d'un mot ce qu'il falloit répondre, marchoit encore, s'arrêtoit de nouveau pour écouter, et disputant au souvenir de Lorenzo Tonti la bonne opinion qu'il vouloit conserver de lui-même, ne se retiroit un peu plus tranquille peut-être, que lorsque les idées de quelques imprudences commises avoient cédé la place à des idées plus heureuses d'amour et de gloire [1].

Tous les jours s'écouloient en de semblables devoirs, tous voyoient arriver des embarras nouveaux; mais jusques à la fin du premier mois de l'année 1648, les obstacles s'étoient comme dissipés devant la fortune de M. de Guise. A cette époque, des avis envoyés de Rome, le retour d'un secrétaire dépêché naguères en France, et des correspondances, dont on lui procura les copies, lui apprirent en quelles dispositions étoient pour lui les ministres du roi à Rome, le cardinal et la reine en France; il s'en indigna, il écrivit. Nous allons

[1] Mém. de M. de Guise, liv. III, p. 286 à 292.

voir quelles négociations on suivoit à Rome, quels efforts se préparoient en Espagne, et quels motifs dirigeoient la conduite de la France. Déja la fortune commençoit à changer.

CHAPITRE XIII.

Mademoiselle de Pons et la cour de France.

Novembre 1647 à février 1648.

L'Espagne, toujours soutenue par l'empereur qui remplissoit envers le chef de sa famille les devoirs que lui commandoit une politique craintive, tenoit, depuis quatre ans, les plénipotentiaires des Pays-Bas, de la Suède, de l'Empire, de Rome, de la France, assemblés dans Osnabruck ou dans Munster, y multiplioit les difficultés, y redoubloit les obstacles, changeoit de propositions selon que la Catalogne étoit plus ou moins envahie, que les armées Françoises faisoient moins de progrès sous les murs de Crémone, ou que le duc de Bragance s'affermissoit davantage sur le trône de Portugal[1]. Philippe IV ne pouvoit pas dire comme Charles-Quint, son bisaïeul : les destinées

[1] Flassan, Hist. de la diplom. franç., liv. VI, tom. III, p. 169 et suiv.

de l'Europe reposent sur les mêches de mes arquebusiers¹; mais il avoit conservé des projets du comte-duc d'Olivarès l'idée qu'en fomentant les troubles de la France, en amusant le roi d'Angleterre, il se conserveroit le moyen d'opprimer la Hollande, de dominer l'Allemagne, et de soumettre l'Italie². Toutefois la révolte de Naples qu'il avoit dédaignée d'abord, avoit fini par inquiéter sa lente imagination : l'armement d'une flotte, le départ de don Juan d'Autriche, son frère naturel, avoient été la suite de cette appréhension tardive. On avoit senti, à Madrid, que l'Espagne étoit *en danger de perdre un grand royaume pour la résolution précipitée prise par le duc d'Arcos de réduire forcément les Napolitains à l'obéissance*³, et l'on s'étoit hâté de revêtir d'abord don Juan d'Autriche, et, sous ses ordres, le comte d'Ognate, envoyé d'Espagne à Rome, de tous les pouvoirs nécessaires pour conclure un accommodement quelconque avec le peuple de Naples et les insurgés du royaume⁴.

¹ Brantôme, Rodomontades espagnoles, tom. VI, p. 254.

² Amelot de la Houssaye, Mém. histor., tom. I, p. 377 et 378.

³ Dépêche mss. du cardinal Mazarin à M. de Fontenay, du 11 février 1648.

⁴ Potesta pienissima, che S. M. C. concede al sereniss. sig. D. Gio-

Don Juan, nous l'avons dit, étoit à Naples depuis long-temps. Enfermé dans les châteaux qui commandoient la ville, il attendoit l'instant favorable, et laissoit mettre sous le nom du duc d'Arcos, vice-roi titulaire, les mesures dont le succès paroissoit incertain encore. Le comte d'Ognate demeuroit à Rome. Là, un autre mouvement d'intrigues se renouveloit incessamment sous ses yeux, et la connoissance en étoit trop importante pour qu'on la laissât échapper. Des trois ministres de France, Fontenay, Saint-Nicolas, et le cardinal d'Aix ou de Sainte-Cécile, le cardinal seul étoit favorable à M. de Guise; mais sa légèreté, sa présomption, le peu de mesures qu'il gardoit avec le cardinal Mazarin son frère, lui ôtoient, même à Rome, sa considération, et ne lui laissoient pas à Paris le pouvoir de servir utilement ses amis. L'abbé de Saint-Nicolas, homme d'esprit et de ressources, mais janséniste sévère comme tous les Arnault, n'aimoit ni son collègue Fontenay, ni le prince Lorrain[1], en disoit un peu de mal, en écrivoit

vanni d'Austria, dal 11 gennaro 1648. Racc. II di docum. mss., fol. 222 et 223.

[1] Dépêche mss. de M. de Lyonne à M. l'abbé de Saint-Nicolas, du 5 février 1648.

CHAPITRE XIII. 241

davantage[1], et se faisoit rappeler de Rome à Paris[2], où il ne devoit pas rendre un compte avantageux de l'expédition de Naples. Pour M. de Fontenay, dont Henry de Lorraine avoit quelque méfiance[3], c'étoit pourtant celui qui l'avoit le mieux servi dans le commencement de cette grande entreprise; mais il avoit vu changer insensiblement les dispositions du cardinal, et par conséquent de la reine. Lyonne, Brienne, Mazarin, écrivoient sans cesse pour savoir si le duc de Guise

— Dépêche mss. du cardinal Mazarin à M. de Vallançay, du 10 janvier 1648.

Dépêche en chiffres de M. de Fontenay au cardinal Mazarin, du 6 janvier 1648.

[1] Dépêche de M. l'abbé de Saint-Nicolas au cardinal d'Est, du 4 janvier 1648. Négoc. de Saint-Nicolas, tom. V, p. 361.

Dépêche de M. l'abbé de Saint-Nicolas au cardinal d'Est, du 11 janvier 1648. Négoc. de Saint-Nicolas, tom. V, p. 362.

Dépêche de M. l'abbé de Saint-Nicolas à monsignor Bentivoglio, du 13 janvier 1648. Négoc. de Saint-Nicolas, tom. V, p. 365.

Dépêche en chiffres de l'abbé de Saint-Nicolas au cardinal Mazarin, du 12 janvier 1648.

[2] Dépêche du roi à M. l'abbé de Saint-Nicolas, du 31 janvier 1648. Négoc. de Saint-Nicolas, tom. V, p. 381.

[3] Dépêche mss. du cardinal Mazarin à M. de Fontenay, du 2 février 1648.

Dépêche mss. du card. Mazarin à M. de Fontenay, du 4 mars 1648.

16

n'alloit pas trop vite[1], si les idées de république, et par conséquent de gouvernement indépendant, ne prévaloient pas sur celles de la soumission à la France[2]; si l'on ne dépensoit pas trop d'argent[3]; si l'on ne s'engageoit pas avec trop d'imprudence pour se priver des moyens de revenir en arrière. Il revint donc en arrière lui-même, ne profita pas de la liberté des communications que la prise d'Averse, la soumission d'Itri et le blocus de Capoue, venoient d'établir entre Naples et Rome, laissa Lorenzo Tonti se désespérer, écrire et se désespérer encore, et rallentit ses expéditions et ses secours au moment où il étoit le plus nécessaire de frapper le dernier coup, au moment, peut-être, où quelques régiments et un peu d'or eussent fait tomber la puissance Espagnole en Italie, entraîné les négociations de Munster, effrayé l'Empereur et l'Empire, et mis la couronne de Naples sur la tête d'un sujet de la France.

Mais c'étoit précisément cette couronne qu'on

[1] Dépêche mss. du cardinal Mazarin au cardinal d'Aix, du 22 novembre 1647.

[2] Dépêche mss. du cardinal Mazarin à M. de Fontenay, du 17 novembre 1647.

[3] Dépêche mss. du cardinal Mazarin à M. de Fontenay, du 13 mars 1648.

CHAPITRE XIII.

ne vouloit pas laisser tomber sur la tête de Henry de Lorraine. Ce pauvre M. le cardinal, comme l'appeloit la reine [1], trouvoit que les événements étoient bien rapides, et n'étoit pas décidé encore sur le parti qu'il falloit en tirer. Cette affaire de Naples le dérangeoit. Il vouloit faire aller monsieur son frère le cardinal de Sainte-Cécile, vice-roi en Catalogne, et monsieur son frère vouloit être vice-roi de Naples, ce qui étoit absurde [2]; mais le cardinal, qui ne rebutoit personne en face, n'osoit pas contrarier son frère. L'équipement de l'armée navale avoit coûté quelque argent, et le surintendant des finances Émery disoit qu'il n'en avoit plus à employer pour de nouvelles dépenses. D'un autre côté, le duc d'Elbœuf, cousin de Henry de Lorraine, le chevalier de Joyeuse son frère, sa mère la duchesse de Guise, mademoiselle de Guise sa sœur, si belle et si habile, mademoiselle de Montpensier sa cousine, insistoient sans cesse pour qu'on envoyât à Naples des secours et de l'argent. Le cardinal étoit dans un grand embarras. Il s'en tira par sa phrase ordi-

---

[1] Retz, Mém., liv. II, p. 110.
[2] Mém. de M. de Guise, liv. III, p. 243.

16.

naire : Le temps et moi, nous verrons bien. L'hiver arrivoit, et il compta sur l'hiver.

Alors il en étoit un peu comme aujourd'hui : bien des choses s'oublioient dans un bal, bien des affaires s'arrangeoient pendant une comédie. Les beaux jours de la Fronde n'étoient pas arrivés encore ; mais on y touchoit. Depuis quatre ans on étoit heureux et paisible, ce qui est un état difficile à supporter. Au bout d'une campagne de trois mois, les hommes n'avoient plus rien à faire que des chansons et des intrigues ; les femmes n'espéroient rien d'un ministre qui n'aimoit pas les femmes [1], ou n'en aimoit qu'une seule [2]. L'union de quelques princes du sang avec quelques filles de grandes maisons avoit irrité tous les amours-propres en rapprochant beaucoup de distances. On ne savoit ce qu'on vouloit ; mais on vouloit quelque chose et sur-tout autre chose, lorsque le jeune roi vint à tomber malade. Une petite vérole assez maligne [3] se joignit à une fièvre vio-

---

[1] Laporte, Mém., p. 227 et 228.

[2] Chansons manusc. de 1644 à 1648, t. XXIII, p. 74, 112, 118, 129. Chansonnier pour servir à l'histoire du temps, tom. I, p. 243, 297, 298.

[3] Mém. de Nemours, p. 4.

lente : il fut bien, puis mal, puis on désespéra de sa vie. La reine n'y auroit pas survécu [1] : le cardinal en trembla : Monsieur et M. le prince de Condé songèrent que, la couronne passant à M. le duc d'Anjou, il y auroit une nouvelle régence à établir, et cherchèrent à se bien mettre avec le parlement. Le parlement, dès qu'il se retrouva en crédit, imagina que, puisqu'on lui attribuoit la disposition de la régence, il pouvoit disposer un peu du gouvernement. Mazarin sentit qu'on avoit voulu armer contre lui, et ne le pardonna ni à Monsieur ni à M. le Prince. La duchesse de Longueville disposa M. le prince de Conti en leur faveur : madame de Montbazon se souvint qu'on avoit mis en prison M. de Beaufort; madame de Bouillon avertit son mari de songer à ses intérêts; madame de Pommereux essaya d'échauffer M. de Turenne. Le roi se rétablit; les gens de la cour étoient tous en agitation, et M. le coadjuteur de Paris se trouva, de fortune, au milieu d'eux.

Cette fois pourtant ce fut en vain. Les temps n'étoient pas arrivés, et le secourable hiver vint sauver à Mazarin le premier éclat de cette guerre qu'on a depuis jugée si mal et si singulière-

---

[1] Motteville, tom. I, p. 536 à 541.

ment nommée. Bien que le surintendant Émery redoublât ses exactions et multipliât ses impôts, bien que le parlement opposât déja quelque résistance à la vérification de certains édits, bien que les bourgeois reprissent de temps en temps les grandes épées, les arquebuses à rouet, et le hausse col employé par leurs pères au temps de la guerre civile, on étoit décidé à ne point concevoir d'inquiétudes. Qui eût dit alors, et c'étoit trois mois avant la petite pointe des troubles, qu'il en eût pu naître dans un état où la maison royale étoit parfaitement unie, où la cour étoit esclave du ministre, où les provinces et la capitale lui étoient soumises, où les armées étoient victorieuses, où les compagnies paroissoient de tout point impuissantes, qui l'eût dit eût passé pour un insensé, je ne dis pas dans l'esprit du vulgaire, mais je dis entre les Senneterre et les d'Estrées [1]. Et le moyen de s'inquiéter en effet quand on avoit tant d'autres choses à faire? La reine aimoit la comédie, et quoique le curé de Saint-Germain la lui défendit [2], Mazarin avoit fait venir d'Italie des danseurs et des comédiens. On donnoit l'opéra dans la grande

---

[1] Retz, liv. II, p. 139.

[2] Motteville, tom. I, p. 410.

salle du Palais-Royal. Le prince de Galles, qui fut depuis Charles II, y étoit, faisant l'amour à Mademoiselle par truchement[1], parcequ'il ne savoit pas un mot de françois; et Mademoiselle, qui ne pensoit alternativement qu'à épouser l'Empereur ou à se faire religieuse[2], le traitoit avec assez peu d'égard. M. le prince de Condé quittoit mademoiselle de Toussi pour s'attacher à madame de Chatillon[3]. Madame de Longueville, toujours plus charmante quand on la voyoit, toujours plus aimable quand on l'écoutoit parler, avoit laissé tomber son choix sur ce La Rochefoucault, si galant, si spirituel, et qui crut apprendre de l'amour à confondre l'amour-propre et l'amour de soi. On faisoit sa cour le matin, le soir on se promenoit au jardin de Renard. Les jeunes gens dansoient des ballets au Luxembourg ou au Palais-Royal; les femmes rioient des plaisanteries de Bautru, se moquoient de la toque de velours de l'ambassadrice de Dannemarck[4], ou raisonnoient

---

[1] Mém. de mademoiselle de Montpensier, tom. I, p. 99.

[2] Mém. de mademoiselle de Montpensier, tom. I, p. 86, 102, 103, 104, 108.

[3] Motteville, tom. I, p. 432.

[4] Motteville, tom. I, p. 460.

de l'arrivée des petites nièces de Mazarin¹. La reine, Espagnole et princesse dans son grand cabinet, laissoit, dans le jardin, Voiture lui rappeler, en jolis vers, l'éclat et les galanteries de Buckingham². L'esprit, l'amour, le plaisir, on eût dit que tout étoit en commun. Il y avoit bien quelques exils et quelques mécontentements; mais on n'avoit pas le temps d'y songer : et la vie de la cour pendant cet hiver ressembloit à la vie d'un château, quand le château est beau, la maîtresse imposante, les habitants spirituels, et les habitantes jolies.

C'étoit vers cette époque justement que Henry de Lorraine combattoit au pont de Frignano, et se faisoit décerner par le peuple ce souverain pouvoir qu'il comptoit mettre aux pieds de mademoiselle de Pons. Sa pensée, tournée incessamment vers la France, alloit y chercher celle dont il achetoit à un si haut prix la tendresse. Malheureusement sa pensée ne rencontroit plus celle de mademoiselle de Pons. Gabrielle se disoit, peut-être, comme cette femme aussi volage et plus naïve qu'elle : En fait d'absent, si j'aimois quelqu'un, j'aimerois Dieu : et, bien qu'au couvent où elle s'étoit retirée, elle

---

¹ Motteville, tom. I, p. 499.
² Chansons manuscrites de 1644 à 1648, tom. XXIII, p. 321.

fût servie d'après les ordres et par les officiers de M. de Guise, bien que chaque courrier lui apportât des preuves nouvelles d'une constance à laquelle son orgueil se plaisoit à croire, elle ne put s'empêcher de revenir à la cour chercher des adorateurs et des conquêtes[1]. Marie de Gonzague, avant d'être reine de Pologne, avoit donné quelque prise aux discours du monde; Gabrielle de Pons, assurée, à ce qu'elle croyoit, d'être reine de Naples, voulut, pour la dernière fois sans doute, faire usage de sa coquetterie. Mais, dans cette sorte de combat qu'on engage toujours sans vouloir le terminer jamais, il faudroit n'avoir affaire qu'à moins habile ou à plus foible que soi. Un homme se rencontra, de bonne maison, d'un esprit insinuant, d'une figure agréable, un peu présomptueux, un peu insensible[2], point avancé à la cour, mais célèbre par ses conquêtes : c'étoit M. de Malicorne, frère du marquis de Hautefeuille. Il avoit été attaché à M. de Guise, et s'en fit un moyen de parvenir auprès de mademoiselle de Pons; il lui parla d'amour, et s'en fit écouter; il ne l'aimoit pas, et s'en fit aimer; et, comme il y a toujours,

---

[1] Motteville, tom. I, p. 429 et tom. II, p. 2 et 3.

[2] Chansons manuscrites de 1644 à 1648, tom. XXIII, p. 225.

entre deux amants, une certaine somme de tendresse qui se divise d'une manière inégale, et s'accroît d'un côté lorsqu'elle décroît de l'autre, il la conduisit bientôt à des éclats qui la perdirent. Elle quitta le couvent pour reparoître avec lui dans le monde. Les filles de la reine n'étoient pas des modèles d'innocence [1]; mais leur coquetterie du moins se restreignoit en de certaines limites. Madame la duchesse de Guise n'auroit pas souffert que son fils épousât mademoiselle de Pons; mais elle souffroit moins encore que mademoiselle de Pons le rendît ridicule. M. le Prince s'en mêla. Mademoiselle de Montpensier, tout en répétant que son humeur étoit directement opposée aux occupations de galanterie [2], parla très haut, parceque M. de Guise avoit l'honneur d'être son cousin. La reine fit ordonner à mademoiselle de Pons d'entrer au couvent des filles de Sainte-Marie [3]. C'étoit assurément, si l'on en croit les recueils de cette époque, un des moins sévères couvents qui fût

---

[1] Chansons manuscrites de 1644 à 1648, tom. XXII, p. 215; tom. XXIII, p. 249.

[2] Mém. de mademoiselle de Montpensier, tom. I, p. 72.

[3] Motteville, tom. II, p. 3.

au monde[1]. Gabrielle ne s'en plaignit pas moins;
on fit peu de cas de sés plaintes : et, pour lors,
elle écrivit à Henry de Lorraine ses malheurs, sa
tendresse, les persécutions du cardinal, et les in-
justices de la reine. Hélas! cependant, la confiance
d'un absent est comme la prière : on ne devroit
jamais la tromper!

[1] Chansons manuscrites de 1644 à 1648, tom. XXIII, p. 235.

CHAPITRE XIV.

Lettres et dépêches.

Janvier et février 1648.

On a dit qu'en matière de sédition, tout ce qui la fait croire l'augmente[1] : en fait de pouvoir, et sur-tout de pouvoir populaire, tout ce qui ne l'augmente pas le diminue. Mazaniel et le prince de Massa l'avoient témoigné, et le duc de Guise en offroit pour lors une preuve nouvelle. Quand on détourne un peuple de ses habitudes d'obéissance, il faut les lui remplacer par un mouvement qui l'occupe, par une espérance qui le soutienne. Ce mouvement se prolonge-t-il? il change de but. Vient-il à se rallentir? il fait succéder le mécontentement à l'espérance. Par malheur, il a fallu, pour acquérir le peuple, lui présenter un résultat prochain; et, pour le conserver, il faudroit lui montrer un but qui s'éloignât toujours.

[1] Retz, Mém., liv. II, p. 383.

Ce n'est pas une des moindres raisons qui fait que la nécessité de recourir au peuple est le plus mortel des inconvénients[1]. Or, M. de Guise joignoit à celui-ci l'autre inconvénient, fondé ou non, d'inspirer de la défiance aux ministres François qui s'éloignoient insensiblement de lui, le décrioient à Rome, traversoient à Naples ses projets; et il se trouvoit obligé de s'appuyer, contre l'Espagne, contre la France, contre une partie des provinces Napolitaines, sur ce même peuple Napolitain qu'il n'étoit pas en son pouvoir de maintenir fidèle. De nombreux succès avoient déguisé quelque temps sa foiblesse aux yeux moins clairvoyants; mais don Juan d'Autriche l'avoit démêlée; mais M. de Guise sur-tout la sentoit; et un homme qui se sent foible s'affoiblit encore lui-même. Cette situation étoit insupportable; et tandis que Henry de Lorraine luttoit contre elle, il reçut de France et de Rome les lettres de mademoiselle de Pons, les nouvelles de Mazarin, et les rapports de Lorenzo Tonti. Nous allons laisser encore aux acteurs de ces grandes scènes le soin d'en peindre quelques unes dans leur propre correspondance.

---

[1] Retz, Mem. liv. II, p. 413.

*Le cardinal Mazarin à M. le marquis de Fontenay,
à Rome.*

Paris, 10 janvier 1648.

J'ai vu les raisons qui ont obligé à presser le départ de M. de Guise pour Naples. Je veux croire, ainsi que je vous l'ai déja mandé, qu'on ne pouvoit faire autre chose, à moins de gâter les affaires; mais plus je fais réflexion, et plus je trouve que nous avons été malheureux de ne nous en pouvoir dispenser. Je vous en remets sous les yeux les raisons, telles qu'on les a déduites en la lettre que vous avez reçue du roi.

J'aime extrêmement M. de Guise quant à moi[1], et par son mérite, et parcequ'en toutes rencontres il m'a témoigné affection pour mes intérêts, et desir de se lier avec moi. Il a autant de valeur qu'il se puisse; il est libéral, courtois, bien fait de sa personne; il a beaucoup de présence d'esprit et de corps; il est naturellement éloquent, et enfin a de très bonnes qualités, parti-

[1] Dépêche mss. du cardinal Mazarin au cardinal d'Aix, du 22 novembre 1647.

culièrement celles qui sont nécessaires pour se
concilier la bienveillance d'un peuple; mais, com
me l'expérience et la capacité dans le maniement
des affaires sont ce dont il a le plus besoin pour
conduire à bon port celle-ci, l'on peut appré-
hender que ce qui lui manque ne nous porte plus
de préjudice que ce qu'il possède de bien ne nous
servira.

Je passe plus outre, et trouve même que ses
bonnes qualités pourroient nous nuire, parceque
son intérêt particulier est, en quelque façon, différent de celui du roi. La France doit desirer
que les Napolitains aient un roi, de façon ou
d'autre, d'autant que leur république ne sauroit
subsister. M. de Guise, au contraire, ne souhaite
rien tant qu'une république; et toutes ses actions
y tendent, puisque son crédit et l'avantage qu'il
prend en ce rencontre sont attachés à cette forme
de gouvernement. Qu'auroit-il en effet à espérer
dans une royauté, si ce n'est, peut-être, la qualité de vice-roi pour trois ans, à l'accoutumée? Et
encore, si S. M. ou M. le duc d'Anjou possédoient
cette couronne, ne seroit-il pas assuré qu'on voulût la lui confier dans les commencements. Que

s'il y avoit un roi particulier, toutes ses prétentions seroient d'abord achevées [1].

Il est bien vrai qu'on me mande qu'il pense à être roi lui-même [2], et sans doute, il se laisse guider encore en ceci par le baron de Modène, qui est un homme léger, de méchantes inclinations, peu sensé, et toujours occupé de l'astrologie judiciaire dont il a infatué son maître [3]. Or, s'il peut espérer de se faire élire roi lui-même, il n'est pas douteux qu'il n'y travaille par toutes sortes de moyens; et qu'à moins de cela, il ne porte continuellement le peuple à la république, sans considérer si elle sera en état ou non de se maintenir, ou ne traverse, autant qu'il en aura puissance, le dessein dont je vous ai parlé touchant M. le Prince de Condé [4].

---

[1] Mém. mss. du roi pour M. de Fontenay, du 28 novembre 1647.
Dépêche mss. du cardinal Mazarin à M. de Fontenay, du 29 novembre 1647.

[2] Autre dépêche mss. du cardinal Mazarin à M. de Fontenay, du 29 novembre 1647.
Dépêche en chiffres du cardinal Grimaldi au cardinal Mazarin, des 6 et 13 janvier 1648.

[3] Dépêche en chiffres du cardinal Mazarin à M. de Fontenay, du 25 novembre 1647.

[4] Dépêche mss. du cardinal Mazarin à M. de Fontenay, du 29 novembre 1647.

J'aime M. de Guise, mais je ne voudrois pas que le service du roi pût en souffrir. Nous n'avons pas eu le choix de l'envoyé, puisqu'en nous parlant de M. d'Harcourt ou de M. de la Meilleraye, on nous a dit que M. de Guise étoit parti déja; mais, quant à un roi sous la protection de la France, qui est ce que nous devons desirer, si ces peuples ne se portent que difficilement vers Monsieur ou M. le duc d'Anjou, M. le Prince seroit le plus propre qu'on pût rencontrer dans cette conjoncture, soit par sa naissance, soit par ses qualités personnelles, soit pour avoir déja sa succession assurée par la naissance d'un fils, soit enfin parcequ'à cause de ses grands biens et alliances, il auroit à sa suite une foule de noblesse et quantité de vassaux[1]; et, au cas que ces peuples l'adoptassent pour roi, je pourrois proposer qu'en attendant vous fussiez choisi pour les gouverner[2].

Que si l'on reconnoissoit que M. le duc de Guise eût pris telle croyance et autorité qu'on ne le pût engager à servir M. le Prince et que celui-ci ne

---

[1] Dépêche en chiffres du cardinal Mazarin à M. de Fontenay, du 25 novembre 1647.

[2] Dépêche mss. du cardinal Mazarin à M. de Fontenay, du 17 novembre 1647.

pût y aller, même sous prétexte de commander les troupes, ce que vous jugerez étant plus rapproché des lieux, il faudroit essayer de l'engager à servir le duc Charles de Lorraine, et lui faire espérer, en son particulier, quelque établissement dans le royaume[1].

Je regrette fort qu'on ait imprimé les lettres où vous traitez ce peuple-ci de république, parceque cela nous engage plus qu'il ne faudroit. Heureusement ils ont souscrit la leur des mots: Votre très humble servante, la république de Naples, ce qui les a rendus ridicules, et c'est beaucoup. Ces imaginations de république seroient de tout point funestes, car on ne peut chasser les Espagnols tant que la noblesse tiendra pour eux, ou que la république pourra mettre le pouvoir aux mains du peuple. Ainsi, point de république[2]; beaucoup de promesses générales, en se gardant toujours le moyen de profiter des événements sans contrevenir à sa parole[3]; et puis du

[1] Dépêche mss. du cardinal Mazarin à M. de Fontenay, du 29 novembre 1647.

[2] Dépêche mss. du cardinal Mazarin à M. de Fontenay, du 10 janvier 1648.

[3] Dépêche mss. du cardinal Mazarin à M. de Vallançay, du 10 janvier 1648.

CHAPITRE XIV. 259

temps, du temps surtout. La patience doit finir cette affaire aussi bien qu'elle l'a commencée[1].

On a reçu ici des lettres de MM. les plénipotentiaires du roi à Munster : ils souhaitent vivement que le soulèvement de Naples dure, sans quoi, disent-ils, personne ne croit plus que les ministres d'Espagne aient aucune volonté de faire la paix[2]. Vous en aurez, sans doute, reçu quelque avis. On a insisté également à Munster pour la délivrance du prince Édouard de Portugal, ainsi qu'on le fait depuis deux ans[3], d'accord avec la Suède[4]. Jusqu'à ce jour, ç'a été vainement. Mais j'ai idée que si l'on s'emparoit de quelque seigneur Napolitain de distinction, ils seroient

---

[1] Dépêche en chiffres de M. de Fontenay au cardinal Mazarin, du 9 décembre 1647.

[2] Mém. des plénipotentiaires, du 2 décembre 1647. Négoc. d'Osnabruck et de Munster, tom. IV, p. 194.

[3] Dépêche de M. de Brienne aux plénipotentiaires de Munster, du 31 août 1646. Ibid., tom. III, p. 389.

Dépêche de M. de Brienne aux plénipotentiaires de Munster, du 20 juillet 1646. Ibid., tom. III, p. 309.

Lettres des plénipotentiaires à M. de Brienne, du 15 octobre 1646. Ibid., tom. III, p. 344.

Note de M. Servien sur la lettre de M. de Brienne du 2 mars 1647. Ibid., tom. IV, p. 267.

[4] Réponse de l'Empereur aux propositions des envoyés de Suède, propos. IX. Ibid., tom. I, p. 436.

17.

plus traitables, et pourroient songer à un échange. Nous attendons des nouvelles de M. le duc de Richelieu et de sa flotte.

Le roi de France aux chefs du peuple Napolitain.

Paris, le 2 février 1648.

Envoyant à Naples le sieur Duplessis Besançon, conseiller de mon conseil d'état, maréchal de mes camps et armées, et gouverneur de ma ville et citadelle d'Auxonne, pour agir, en mon nom, aux circonstances qui pourroient se présenter pour le bien de ladite ville et du royaume, j'ai voulu prendre l'occasion de vous faire cette lettre, de l'avis de la reine régente, madame ma mère, pour vous témoigner le gré que je vous sais du bon service que vous avez rendu jusqu'ici dans la glorieuse entreprise de délivrer votre patrie des oppressions intolérables des Espagnols; et vous exhorter à continuer avec la même vigueur de courage, dans l'assurance de ma protection et bonne volonté, et que je n'épargnerai aucune dépense pour vous donner moyen de venir à bout des ennemis, sans avoir, en cela, autre visée ni intérêt particulier que la seule gloire de procurer votre liberté; et me remettant, du reste, audit sieur Duplessis Besançon, je prie Dieu qu'il vous ait et conserve en sa sainte et digne garde. — Écrit à Paris le 20ᵉ jour de février de l'année de grace 1648, et de notre règne le cinquième.

LOUIS,

et par le roi:

DE LOMÉNIE[1].

Cerisantes à M. l'abbé de Saint-Nicolas.

Naples, 18 février 1648.

MONSIEUR,

Je me donnai, il y a quinze jours, l'honneur d'écrire à M. l'ambassadeur, une lettre que je le suppliois de vouloir ne communiquer qu'à vous[2], et dans laquelle je lui rendois compte de ce qui s'est passé ici depuis deux mois. Vous y aurez vu comment M. de Guise avoit été fait duc de la république, ce que je puis vous assurer qui étoit bien hasardeux, si Gennaro Annèse eût été homme

---

[1] Dépêche mss. du roi au peuple de Naples. Racc. I di docum. mss., p. 337.

[2] Dépêche mss. de M. de Cerisantes à M. de Fontenay, du 3 février 1648, p. 1. Raccolta II di docum. mss.

de main; et qu'il se fût opiniâtré à contester[1]. Vous y aurez vu aussi comment j'ai été mal reçu de M. de Guise, après un petit échec éprouvé devant Torre dell' Annunziata[2], bien moins à cause de l'échec en lui-même, que parcequ'il me sait affectionné à la France, et qu'il en est gêné dans le dessein qu'il pourroit bien avoir de se faire roi en ce pays. L'autre jour, comme nous amenions un convoi de grains en la ville, apparut, sur notre gauche, une étoile tombante qui défila en trois lumières fort claires. Tout le monde s'écria là-dessus : présage! présage! et chacun donnant son interprétation, la plupart l'interprétèrent que M. de Guise seroit roi des trois royaumes. Carlo Carola me dit que son interprétation fut pour trois fleurs de lys d'or. Quant à moi, l'on ne me demanda jamais la mienne, mais je crois, en vérité, que cela signifie qu'au printemps, nous verrons trois partis dans ce royaume[3]. A tout dire, depuis que nous sommes à Naples, M. de Guise a pris

[1] Dépêche mss. de M. de Cerisantes à M. de Fontenay, du 3 février 1648, p. 32. Ibid.

[2] Dépêche mss. de M. de Cerisantes à M. de Fontenay, du 3 février 1648, p. 39 et suiv. Ibid.

[3] Dépêche mss. de M. de Cerisantes à M. de Fontenay, du 3 février 1648, p. 42. Racc. II di docum. mss.

plus de peine à fortifier son autorité contre la France qu'à chasser l'Espagnol[1]; mais il est évident pour nous, plus encore peut-être que pour l'ambassadeur, que son pouvoir finira céans aussitôt qu'il se voudra détacher des intérêts de Sa Majesté pour penser aux siens[2]. En tout cas, voici sa position actuelle. Le menu peuple étant tout François, il n'est plus appuyé des capes noires et des cavaliers qui sont fort soupçonnés d'être Espagnols; et, par la même raison, il aura toutes les peines du monde à réduire le menu peuple à le vouloir pour roi, car ils sont aheurtés à être républicains, et disent tout haut que s'ils ne sont républicains, ils veulent le roi de France pour maître[3]. D'un autre côté, M. de Guise étant obligé, comme il l'est, de se montrer souvent sévère avec eux, de frapper les uns, d'envoyer les autres à la potence[4], et résolu, comme il paroît l'être, à se conserver le gou-

---

[1] Dépêche de M. de Cerisantes à M. l'abbé de Saint-Nicolas, du 18 février 1648. Négoc. de Saint-Nicolas, tom. V, p. 392.

[2] Dépêche en chiffres de M. de Fontenay au cardinal Mazarin, du 19 décembre 1647.

[3] Dépêche de M. de Cerisantes à M. l'abbé de Saint-Nicolas, du 13 février 1648. Négoc. de Saint-Nicolas, tom. V, p. 393.

[4] Mém. de M. de Guise, liv. II, p. 137, 156; liv. III, p. 245, 337, 339. Modène, III° part., ch. XII, p. 217.

vernement absolu, ce qui l'a porté à rejeter avec hauteur les propositions qui lui avoient été faites de créer auprès de lui soit un sénat pour diriger les affaires, soit au moins des vice-sénateurs pour administrer la ville, tandis qu'il seroit en campagne avec l'armée; il ne se peut qu'il ne perde quelque chose d'une popularité que les partisans des Espagnols et les amis de Gennaro Annèse tâchent à diminuer chaque jour. Les Espagnols, au contraire, cherchent, de toute leur puissance, à se remettre bien avec la noblesse et avec les populaires. Don Juan d'Autriche a pris, en qualité de vice-roi, la place du duc d'Arcos que l'on a congédié comme étant trop odieux au peuple[1]. Il ne parle, dans ses proclamations, que de soulagement, d'absolution et d'indulgence[2]. Il a confié aux seigneurs et aux barons le commandement des provinces et des campagnes[3], en sorte qu'il a ranimé chez le peuple la crainte, et chez la noblesse l'ambition, qui peuvent également le servir.

[1] Relatione di Napoli delli 3 et 8 febraro 1648. Racc. II di docum., fol. 204.

Modène, III° part., ch. ix, p. 176.

[2] Bando publicato da parte di S. A. il s. D. Giovanni d'Austria, etc. del 27 gennaro 1648. Racc. II di docum., fol. 202.

[3] Modène, III° part., ch. ii, p. 199 et suiv.

CHAPITRE XIV.

Cependant, un événement plus considérable qui eut lieu ces jours-ci, et dont il est de mon devoir de vous donner connoissance, aura encore affoibli la puissance de M. de Guise. Le duc avoit indiqué pour jeudi dernier un rendez-vous précis à toutes les troupes du dehors, afin de donner un assaut général à tous les postes des ennemis. Les troupes se trouvèrent au jour assigné; mais on remit, d'attente en attente, jusques à hier mercredi, pour faire les préparatifs. Les ennemis s'étoient étrangement retranchés de leur côté. Pour nous, quand il a été question d'agir, nous nous sommes trouvés dépourvus de tout ce qui étoit nécessaire, M. de Guise s'étant fié de tout ce soin à Doménico Mellone, qu'il fit général en ma place, et qui est soupçonné d'être Espagnol. — M. de Guise laissa toutes les attaques du bas de la ville à ce Mellone, et se réserva celle qui devoit avoir lieu par-dessous le château Saint-Elme et par Chiaia. L'ordre étoit d'attaquer sur trois points : le colonel Alessio au bourg de Chiaia, le colonel Perez au-dessus du château Saint-Elme, le colonel Castracuco, à mi-côte, entre ces deux points; et le colonel Paul de Naples faisant la réserve avec neuf cents hommes. Hier matin, à la pointe du jour, on marcha de tous côtés, mais mollement et sans succès. L'attaque du château Saint-Elme fut la plus malheureuse. Glandevès, Villepreux et le colonel Perez y furent blessés.—M. de Guise me pria d'y aller commander : j'y allai. La première chose que je trouvai furent les neuf cents hommes de réserve couchés par terre derrière des murailles qui les mettoient à l'abri des mousquetades ennemies, mangeant des oranges, et n'ayant que très peu de volonté d'en partir. Je passai outre, et voulus ramener les troupes l'épée à la main; mais, de nos gens les uns étoient rebutés, et les autres se mirent à fuir au bruit d'une sortie faite par les ennemis sur les barricades du Palais.—Mon premier soin fut d'y courir; malheureusement une mousquetade, qui me cassa le gros doigt du pied, me jeta par terre. On croyoit m'avoir bien pansé; mais le sang s'est repris trois fois à couler, ce qui fait que je suis au lit avec beaucoup de douleurs. — Cette attaque, manquée sur tous les points, fera sans doute un tort notable à M. de Guise. Les lazzaroni ont voulu couper la tête à Domenico Mellone qu'il y avoit employé [1].

[1] Dépêche de M. de Cerisantes à l'abbé de Saint-Nicolas, du 13 février 1648. Négoc. de Saint-Nicolas, tom. V, p. 395 à 405.

M. de Guise se trouve cependant en grande défiance du baron de Modéne qu'il soupçonne de s'entendre avec ses ennemis, et en des inquiétudes non moins grandes sur le sort d'une personne qu'il a laissée en France, et dont il est sans cesse occupé. Vous jugerez, monsieur, ce qui peut maintenant advenir.

M. l'abbé Baschi m'a fait savoir qu'on pourroit bien penser à envoyer quelqu'un de France pour négocier céans avec ce peuple. Je vous prie vous ressouvenir que je pourrai ici beaucoup pour le service du roi, y ayant acquis grande croyance, lorsqu'il plaira au roi m'y donner tant d'autorité de sa part, que les peuples ne perdent pas ce qu'ils me portent d'affection par le peu d'estime qu'ils verront que la France fera de moi [1].

Je suis, avec toute sorte de passion, monsieur, votre très humble et très parfait serviteur,

CERISANTES.

---

[1] Dépêche de M. de Cerisantes à M. l'abbé de Saint-Nicolas, du 13 février 1648. Négoc. de Saint-Nicolas, tom. V, p. 394.

Le duc de Guise à M. le cardinal Mazarin.

Naples, 28 février 1648.

MONSIEUR,

Si la passion que j'ai toujours eue, et que je conserve plus violente et plus fidéle que jamais, pour mademoiselle de Pons, n'étoit assez connue de votre Éminence, elle pourroit s'étonner que, dans l'état où je me trouve, je ne me remisse sur ce qu'elle pourra apprendre des affaires d'ici par M. le marquis de Fontenay, et je ne l'entretinsse que de mes malheurs. C'est un effet du désespoir où je suis qui fait que je ne puis avoir sentiment pour quoi que ce puisse être, lui faisant une confession très véritable que ni l'ambition, ni le desir de m'immortaliser par des actions extraordinaires, ne m'a embarqué dans un dessein aussi périlleux que celui où je me trouve. Mais la seule pensée, faisant quelque chose de glorieux, de mieux mériter les bonnes graces de mademoiselle de Pons, et d'obtenir, par l'importance de mes services, que la reine considérant davantage et elle et moi,

CHAPITRE XIV. 269

je pusse, après tant de périls et de peines, passer doucement avec elle le reste de mes jours. Mes espérances sont trompées, et je me plains avec raison de me voir abandonné de la protection de votre Éminence dans le temps où, en ayant le plus besoin, je m'en tenois le plus assuré. J'ai hasardé ma vie dans le passage sur la mer; j'ai réduit dans ce parti quasi toutes les provinces de ce royaume; j'ai maintenu la guerre quatre mois sans poudre et sans argent, et réduit dans l'obéissance un peuple affamé, sans avoir pu lui donner, en tout ce temps, que deux jours de pain; j'ai cent fois évité la mort, et par le poison et par les révoltes: tout le monde m'a trahi; mes domestiques même ont été les premiers à tâcher de me détruire; l'armée n'a paru que pour m'ôter la créance parmi les peuples, et, par conséquent, le moyen de servir: et, parmi tous ces embarras, ne subsistant que par mon cœur et ma résolution, au lieu de m'en savoir gré et de me donner courage de continuer ce que j'ai si heureusement commencé, et où, je puis dire sans vanité, que tout autre que moi auroit échoué, l'on me persécute en ce qui m'est de plus cher et de plus sensible, l'on tire avec violence une personne que j'aime d'un couvent où je l'avois priée de se retirer; et, durant le temps que je hasarde ma vie, l'on m'ôte la seule récompense que je prétendois de tous mes travaux, on la renferme, on la maltraite, et l'on me donne et le plus grand et le plus sensible témoignage de haine que l'on me pût donner. Ah! monsieur, s'il reste à votre Éminence quelques sentiments de l'amitié qu'elle m'a promise, et du service que je lui ai voué, remédiez à ce déplaisir; faites-moi voir, en ce point seul, quelle est son amitié et son estime pour moi, et, en toute autre chose, je lui ferai voir que jamais homme ne lui fut si véritablement acquis. Sans cela, ni fortune, ni grandeurs, ni même vie ne me sont pas considérables, je me donne tout-à-fait au désespoir; et, si je vois qu'il ne me reste plus d'espérance d'être heureux un jour, renonçant à tous les sentiments et d'honneur et d'ambition, je n'aurai de pensée au monde que celle de périr et de ne pas survivre à une telle affliction qui me fait perdre et le repos et la raison. J'ose me promettre que ma conservation est assez chère à votre Éminence pour ne pas voir la perte de la personne du monde qui, malgré les justes sujets qu'elle a de se plaindre, ne laisse pas d'être plus véritablement, monsieur, votre très obéissant et très affectionné serviteur :

Le duc de GUISE[1].

[1] Lettre de M. de Guise au cardinal Mazarin. Racc. I di docum. mss., p. 343 et 344. — Motteville, tom. II, p. 46 à 50.

Voyez aussi aux Éclaircissements la lettre de M. de Guise à la reine.

CHAPITRE XV.

Décadence.

Mars 1648.

La faveur des peuples ne s'acquiert point, elle se conquiert : et, comme elle a les caractères de la conquête, une occasion la donne, un coup de main l'enléve. Henry de Lorraine comptoit à-la-fois sur l'amour et sur la faveur populaire; mais mademoiselle de Pons l'avoit trahi déja, et le peuple de Naples étoit sur le point de l'abandonner.

Pourquoi un peuple change-t-il? C'est ce que l'histoire ne peut expliquer, et ce que le peuple lui-même ne pourroit dire. Il change, parcequ'il est peuple. Il vous aimoit, il ne vous aime plus, ne lui en demandez pas davantage; mais dérobez-lui votre tête le premier jour : au bout d'un an, vous serez en sûreté à l'ombre d'un complet oubli. Toutefois, ce conseil n'est pas toujours possible à suivre. Il y a des occasions où l'on aperçoit le danger sans pouvoir s'y soustraire; et la mort est quelquefois au bout, que l'on n'en est pas moins obligé de marcher droit vers elle. C'étoit, à-peu-près, la position de Henry de Lorraine au commencement du mois de mars 1648. Cerisantes étoit mort de sa blessure, quelques jours après avoir écrit la lettre qu'on a pu lire ci-dessus[1]. Le colonel Paul de Naples, et son beau-frère, qu'on accusoit d'avoir, dans le dernier combat, trahi la cause populaire, avoient expié dans les tortures d'abord, puis sur l'échafaud, mille crimes anciens, punis à cause d'un dernier crime[2]. Le baron de Modéne, le baron des Inards, Antonio de Palco, le chevalier Michellini, le père Capèce lui-même, avoient été arrêtés comme embaucheurs, et comme espions de D. Juan d'Autriche[3]. Tant de chefs divers, dont les uns avoient contribué aux premiers soulévements du peuple, dont les autres avoient donné de si éclatantes

---

[1] Mém. de M. de Guise, liv. IV, p. 405.

[2] Mém. de M. de Guise, liv. IV, p. 407 à 413.

[3] Mém. de M. de Guise, liv. IV, p. 413 à 418.
Bando pubblicato da ordine di S. A. S. il duca di Guisa, a dì 17 febbraro 1648. Racc. II di docum. mss., fol. 209.
Modéne, III.ᵉ part., ch. xv et xvi, p. 247 et suiv.

preuves de courage, qui, presque tous, avoient, dans Naples, une influence trop grande pour être méconnue, ne pouvoient tomber successivement, et par les ordres d'un seul homme, sans que l'on ne s'en étonnât. Les causes véritables étoient cachées, et les motifs que l'on en donnoit au public n'inspiroient plus de confiance. Ce n'est pas que le peuple ait horreur du sang; quand il va le voir répandre, c'est pour émouvoir une certaine pitié secrète dont il se sait bon gré; mais déja peut-être cette miséricorde populaire, en s'attachant aux officiers condamnés par les ordres de M. de Guise, lui demandoit à lui-même un compte plus rigoureux de sa puissance et de ses victoires, dernière garantie de ceux qu'on n'aime plus.

Il faut le dire, quoique les mémoires écrits sous le nom de M. de Guise affirment jusqu'au bout le contraire, soit lassitude, soit inconstance, les Napolitains commençoient à s'éloigner de Henry de Lorraine. L'état de guerre prolongé fatiguoit tous ceux que leurs intérêts de fortune ou de famille rendoient plus sensibles au besoin du repos. Ceux des chefs populaires que la révolution n'avoit pas dévorés après les avoir fait naître sentoient que le mouvement ne se faisoit plus pour eux, et commençoient à trouver qu'il y auroit plus à gagner avec les Espagnols et la paix qu'avec M. de Guise et la guerre; le menu peuple ne vouloit de combats qu'autant qu'ils seroient suivis du pillage; et la noblesse, éclairée par le départ de la flotte de France, par le renversement d'Annèse, par les correspondances arrivées de Rome, de Gênes, ou même de Paris, ne pensoit plus à se rallier au nom d'un prince que la France sembloit décidée à ne plus soutenir. La situation donnée, il eût donc été nécessaire que M. le duc de Guise s'érigeât en tribun républicain, et se livrât aux passions du peuple. Cette nécessité arrivée, il ne put s'empêcher d'y céder sans la connoître : et par une conséquence naturelle de sa position et de son caractère, une fois qu'il eut pris cette position nouvelle, il n'eut plus aucun moyen de s'y soutenir. Ni les Gracques dans les temps anciens, ni Crescentius au moyen âge, n'avoient pu la conserver à Rome; Fiesque, dans Gênes, en avoit altéré sa gloire; en France, les ducs de Bourgogne y avoient succombé. Ce qui caractérise le gentilhomme, c'est qu'il a plus de devoirs qu'un autre. Que demande-t-il au peuple en se mêlant avec lui ? la licence : on la lui accorde; l'obscurité? on la lui refuse. On commence par le mésestimer, et l'on finit par le punir.

Il y avoit, pour lors, environ trois mois que M. de Guise étoit à Naples, et déja plus d'une conspiration avoit menacé sa vie. Ceux qui avoient tué Mazarin n'auroient pas craint de vendre la tête de M. de Guise, et, parmi ceux-là, Gennaro Annèse n'étoit ni le moins haineux ni le moins redoutable. Au moment où l'on envoya Paul de Naples à la mort, où l'on arrêta, dans le palais même, le baron de Modéne, le père Capèce, et ceux qu'on croyoit leurs complices, Gennaro Annèse, Vincenzo d'Andréa, provéditeur général, et l'élu du peuple Antonio Mazella conspiroient, bien plus réellement en effet, et d'accord avec les Espagnols, la perte et la mort de Henry de Lorraine. L'un vouloit l'assassiner; l'autre, le livrer aux Espagnols; Andréa, pour autant qu'on puisse en juger, vouloit qu'on le massacrât dans une émeute populaire; Gennaro Annèse étoit le plus irrité sans doute. M. de Guise en eut le soupçon, et Gennaro Annèse pensa être le premier puni.

C'étoit quelques jours après l'infructueuse attaque racontée par Cerisantes. Henry de Lorraine, après avoir été faire ses dévotions à Notre-Dame

CHAPITRE XV. 277

de l'Arc, s'étoit approché du Vésuve pour voir de plus près ces torrents de lave noircie, ces rochers qui ont été liquides, et la trace profonde de ces feux dévastateurs; puis il étoit redescendu jusque dans une maison de plaisance située entre le Vésuve et la mer. Là il se promenoit entre des orangers et des citronniers élevés en pleine terre; il étoit seul; mais qu'est-ce que la solitude avec l'ambition et l'amour? Non loin des terrasses du jardin, la mer venoit rouler et blanchir sur le rivage; le beau ciel de Naples se montroit dans tout son éclat, aucun nuage n'en altéroit la pureté; les îles s'élevoient du sein des flots comme au travers d'une vapeur légère; la côte de Castellamare et de Sorrente étoit éclairée de la riche lumière du jour; dans le ciel montoit, en colonne élancée, la fumée du Vésuve; à droite, Naples se déployoit en demi-cercle sur le flanc de la colline dont elle est l'ornement : et, frappé de ce calme imposant, de cette belle nature, de ce spectacle magnifique, Henry de Lorraine se disoit avec un secret orgueil : ici je règne, ici tout est à moi; lorsqu'en jetant les yeux sur la route qui conduit au pont de la Madeleine, il aperçut quelques troupes qui s'avançoient pour investir le jardin même; derrière eux, quelques arquebusiers; devant eux, un homme à cheval et l'épée à la main: c'étoit Annèse. A cet aspect, M. de Guise devina qu'on venoit chercher sa tête. Il fit cacher quelques gardes qui l'avoient suivi, donna ordre qu'on ne laissât entrer Annèse qu'avec quatre ou cinq de ses satellites, et dépêcha vers les capitaines des compagnies qui veilloient à la porte Capuane et au pont de la Madeleine, avec injonction de se saisir d'Annèse, et de le mettre à mort quand il rentreroit dans la ville. Annèse arrivoit; il mit pied à terre, on l'introduisit; quatre de ses officiers l'accompagnèrent; puis tout d'un coup, la porte se ferma, ses officiers furent entourés par les gardes, et lui fut conduit au duc de Guise. Henry de Lorraine le reçut avec cette politesse dont l'excès touche de si près au mépris; il le remercia de sa visite, le promena pendant deux heures dans les jardins, et l'arrêtant enfin au point le plus élevé des terrasses, là où la mer vient en battre le pied, là où deux de ses gardes étoient debout le mousquet à la main: Seigneur Annèse, dit-il, savez-vous que rien ne sauveroit un homme qu'on précipiteroit d'ici dans la mer? Voyez-vous la mer, seigneur Annèse? que vous en semble?—Annèse, pâle et tremblant, bal-

CHAPITRE XV.

butioit sans répondre. Écoutez, lui dit M. de Guise : vos soldats ne doivent point avoir l'arme haute devant mes gardes, dites-leur de désarmer leurs mousquets.—Annèse obéit ; — Dites-leur de se retirer, et sous peine de la vie.—Annèse leur en donna l'ordre. — Maintenant, partez si vous voulez, seigneur Annèse. — Annèse s'éloigna précipitamment ; la peur qui avoit glacé son ame lui inspira du moins une résolution salutaire : il fit un long détour, et rentra dans Naples par la porte Nolane[1] où personne ne l'attendoit. On peut juger s'il se hâta de faire aux Espagnols des propositions nouvelles[2].

Le jour suivant, une partie des chefs du peuple se porta, non sans quelque désordre, au palais de M. de Guise. D'abord, ils vouloient que l'on procédât, par un scrutin général, à l'élection des nouveaux capitaines des ottines, et le complice d'Annèse, Vincenzo d'Andréa, portoit la parole en leur nom. Une autre fois, ils se plaignoient de la rareté du pain, de la cherté de la viande ; ils vouloient que l'on fixât un prix et un poids aux denrées,

---

[1] Mém. de M. de Guise, liv. IV, p. 418 à 420 — Avvisi mss. di Napoli a di 1° marzo 1648. Racc. II di docum. mss.
[2] Nicolaï, liv. V, p. 380 à 389.

et Vincenzo d'Andréa les conduisoit encore. L'un et l'autre tumulte furent apaisés; mais M. de Guise, tout en s'attribuant le droit de nommer les capitaines, n'avoit osé faire des choix que d'après le vœu du peuple : c'étoit laisser apercevoir, à-la-fois, son usurpation et sa foiblesse; mais lorsqu'il fallut pourvoir au renchérissement des denrées, le châtiment infligé à quelques uns des bouchers, et le cours forcé donné à la monnoie, indisposèrent le peuple encore plus que l'abondance momentanée des subsistances ne le soulagea[1]. Il y a des situations où l'on est tellement placé qu'il n'y a plus de bon parti à prendre.

Plus les jours avançoient, plus il devenoit évident que l'affection du peuple étoit perdue. Les conspirations se succédoient; après les complots arrivoient les supplices; et les supplices faisoient renaître de nouveaux ennemis. Vainement le duc de Guise, averti, mais trop tard, par cette nécessité qui n'apparoît aux hommes puissants que comme l'annonce du dernier jour, avoit rétabli des tribunaux, rendu aux lois leur vigueur, et ressuscité, comme le dit sa déclaration, la justice,

---

[1] Mém. de M. de Guise, liv. IV, p. 421 à 429. — Modène, III.ᵉ part., ch. XVII, p. 270 et suiv.

cette reine des vertus [1]; vainement il essaya de négocier avec les barons du royaume, dont les politesses ni la défiance ne se démentirent pas un seul instant. Souverain populaire et qui se trouvoit forcé de recourir à la noblesse, chef d'une révolution et qui vouloit régner par les lois, il avoit perdu ses appuis; et les armes sanglantes qui avoient prolongé l'existence de Mazaniel lui faisoient horreur. Une armée l'eût sauvé, mais Naples ne vouloit plus en fournir, et la France ne lui en envoyoit pas. Un peu d'or, quelques vaisseaux, des soldats arrivés de Toulon eussent rétabli sa fortune, et consommé la ruine de la puissance Espagnole en Italie : il le savoit; et, chaque soir, lorsque le courrier arrivoit, il cherchoit avec trouble si, dans les dépêches de Rome ou de France, le retour de la flotte étoit enfin annoncé; et, chaque matin, à son réveil, il regardoit avec anxiété s'il ne paroissoit pas au vent quelques voiles Françoises. Les premiers jours de mars étoient arrivés. Un matin, il vit un navire prendre le travers du golfe, et cingler droit au château de l'OEuf; il al-

---

[1] Bando pubblicato da ordine di S. A. il duca di Guisa, a di 27 gennaro 1648. Racc. II di docum. mss., fol. 15.
Mém. de M. de Guise, liv. IV, p. 429.

loit s'écrier. — C'étoit le comte d'Ognate, nouveau vice-roi de Naples, qui arrivoit avec de l'or, des soldats, des instructions, des secours[1]. Ainsi, l'Espagne soutenoit ses serviteurs, et la France abandonnoit ses enfants ! Seul, entouré de dangers, toujours en face de la mort, il auroit retrouvé, en un moment, le trône et la gloire; mais ce moment fuyoit devant lui; et cet amer sentiment de l'ingratitude et de l'oubli des autres se glissoit au fond de son cœur pour y détruire l'espérance, pour y corrompre le courage. Ces MM. de Guise sont tenus pour les Machabées de leur temps, disoit un de leurs plus illustres contemporains[2]; mais plus ils s'étoient acquis de renommée, plus ils avoient eu de puissance dans le royaume, et de gloire dans les batailles[3]; plus on s'efforça de les détruire pour anéantir leur mémoire parmi les hommes[4].

Le mois de mars avança. Rien n'arrivoit de France. Du Plessis Besançon, quoique ses lettres de créance fussent du 20 février [5], n'étoit parti

[1] Mémoires de M. de Guise, liv. IV, p. 437.
[2] Retz, Mém., tom. I, p. 363.
[3] Machab., liv. I, ch. III, vers. 14.
[4] Machab., liv. I, ch. XII, versets 53 et 54.
[5] Vide suprà, ch. XIV, p. 260.

CHAPITRE XV. 283

de Toulon que vers le 8 mars [1], et d'ailleurs il venoit avec des instructions qui le rendoient plus dangereux qu'utile. L'abbé Baschi avoit écrit, pour lui une relation de l'état des affaires de Naples, morceau excellent, mais où le caractère ni les intentions de Henry de Lorraine n'étoient représentés sous un jour favorable [2]. Le cardinal Mazarin, tout en répétant que la multiplicité des négociateurs étoit plus propre à ruiner une affaire qu'à la conduire à fin [3], tout en protestant que, malgré les choses étranges que le père Tommaso de Juliis et Luigi del Ferro lui avoient rapportées de M. de Guise, il étoit prêt à l'assister des forces disponibles de la France [4], mandoit au cardinal Grimaldi de se rendre à Naples aussitôt que ce voyage lui seroit possible [5], engageoit le cardinal Barbérini à traiter avec l'archevêque de Naples [6], recommandoit à la vérité qu'on servît bien M. de Guise, qui étoit un jeune prince chef d'une maison

---

[1] Dépêche mss. du card. Mazarin à M. de Fontenay, du 4 mars 1648.
[2] Relazione degl' affari di Napoli ed istruzione pel sig. Besançon dall' abbate Baschi. Racc. I di docum. mss., p. 244 et suiv., 344 et suiv.
[3] Dépêche mss. du card. Mazarin à M. de Fontenay, du 21 mars 1648.
[4] Dépêche mss. du card. Mazarin à M. de Fontenay, du 7 février 1648.
[5] Dépêche mss. du card. Mazarin à M. de Fontenay, du 1ᵉʳ avril 1648.
[6] Dépêche mss. du card. Mazarin à M. de Fontenay, du 4 mars 1648.

considérable, beau-frère de Son Altesse Royale Monsieur[1], mais insistoit sur-tout pour qu'on flattât le seigneur Gennaro Annèse tant qu'il seroit en état de rendre service, si toutefois il étoit capable d'en rendre[2]. Ce qu'il appréhendoit n'étoit point que M. de Guise se perdît lui-même, mais que sa perte ruinât, en ce pays, les espérances de la France[3]. L'arrivée de M. Du Plessis Besançon ne devoit donc pas donner grande assurance au duc de Guise; mais enfin Du Plessis Besançon auroit été un envoyé François, il auroit expliqué les causes de la retraite de l'escadre, il auroit promis du blé et des soldats, il auroit nettoyé les passages et facilité l'arrivée des approvisionnements[4]: ce n'étoit pas un appui; mais c'étoit l'apparence d'un secours. Et Du Plessis Besançon n'arrivoit pas!

Cependant le succès des armes populaires s'affoiblissoit dans les provinces. Depuis que les barons, appelés par don Juan d'Autriche à pacifier eux-mêmes leur territoire, s'étoient retrouvés

---

[1] Dépêche mss. du card. Mazarin à M. de Fontenay, du 20 mars 1648.
[2] Dépêche mss. du card. Mazarin à M. de Fontenay, du 21 mars 1648.
[3] Dépêche mss. du card. Mazarin à M. de Fontenay, du 7 février 1648.
[4] Dépêche mss. du card. Mazarin à M. de Fontenay, du 1ᵉʳ février 1648.
Dépêche mss. du card. Mazarin à M. de Fontenay, du 7 février 1648.
Dépêche mss. du card. Mazarin à M. de Fontenay, du 4 mars 1648.

CHAPITRE XV.   285

maîtres d'une partie de leur ancienne puissance, ils n'avoient employé que dans l'intérêt de la paix et par conséquent de l'Espagne le pouvoir qui leur étoit rendu. Les derniers chefs de l'insurrection conservoient, pour eux-mêmes, les places dont ils s'étoient mis en possession. La Pouille devenoit difficile à contenir; Razzanizi[1], Sora, l'Isola, Sperlunga, Fondi, résistoient foiblement aux armes de la noblesse, et tomboient l'une après l'autre[2]. Le mécontentement étoit arrivé avec les revers. Une révolution nouvelle se préparoit contre le chef que la révolution avoit adopté naguère elle-même. Trois conspirations se succédèrent dans le mois de mars. On disoit au duc de Guise qu'il étoit adoré du peuple, et le peuple marchoit avec ceux qui demandoient sa tête[3].

Au milieu de tant de soins et d'agitations diverses, entouré de traîtres qui menaçoient sa vie

---

[1] Piacente, Hist. mss., liv. V.

[2] Dépêche de M. l'abbé de Saint-Nicolas au cardinal d'Est, du 18 mars 1648. Négoc. de Saint-Nicolas, tom. V, p. 147.

Dépêche du même à Mgr. Bentivoglio, du 30 mars 1648. Ibid. p. 423

[3] Mém. de M. de Guise, liv. IV, p. 441 à 478. — Modène, III° part., ch. XIX, p. 291 et suiv.; ch. XXI, p. 306 et suiv.

Dépêche mss. italienne de M. le duc de Guise à M. le cardinal Grimaldi, du 30 mars 1648. Racc. II di docum. mss., fol. 224.

Piacente, liv. V, p. 111 et suiv.

ou d'agents criminels qui abusoient de son pouvoir, sans cesse armé pour combattre, et trahi dans les plus secrets desseins de son entreprise [1], toujours intrépide, mais abandonné désormais par la fortune, M. de Guise voyoit passer les jours, ces jours si rapides lorsque l'espoir les remplit, si longs et si cruels lorsqu'ils n'amènent que des malheurs après des craintes, et des craintes nouvelles pour prévoir des revers nouveaux. Un émissaire affidé avoit été dépêché à Rome pour y aller chercher de l'argent, difficile à trouver puisque madame la duchesse de Guise refusoit de répondre pour son fils [2], nécessaire pourtant, et devenu désormais le seul moyen de salut d'une telle entreprise : un secrétaire avoit été envoyé en France : des agents alloient tenter, par un dernier effort, la fidélité de ces barons du royaume aux mains de qui résidoient les destinées de l'état, lorsque le cardinal Filomarino fit demander à Henry de Lorraine un moment de secrète audience. — Prince, lui dit-il, je pourrois adresser à votre Altesse quelques plaintes, et lui exposer des griefs dont le redressement seroit nécessaire. On a mis

---

[1] Mém. de M. de Guise, liv. IV, p. 467, 463 et 464.

[2] Dépêche mss. du card. Mazarin à M. de Fontenay, du 3 février 1648.

à mort des prêtres revêtus, il est vrai, d'un grade militaire, mais que rien cependant ne pouvoit dépouiller du caractère sacré qui leur fut imprimé [1] : on a parlé de vendre les biens appartenants à la Compagnie de Jésus [2], quoique aucune aliénation de ce genre ne soit permise sans l'assentiment du pape notre seigneur. Mais ce n'est point des intérêts de l'église que je viens vous entretenir, c'est des vôtres, de votre conservation, et, s'il faut tout dire, de votre vie. — Après ces premiers mots, il entra en matière, parla de la guerre civile et des maux qu'elle amenoit, de la situation de M. de Guise et des incertitudes dont elle étoit environnée; il lui remontra l'abandon où le laissoit la France, le danger où le mettroient les tentatives prochaines des Espagnols, le peu de foi qu'il y avoit à faire sur un peuple dont, ces jours derniers, les députés avoient refusé, à une majorité de dix-huit voix contre sept, de lui mettre la couronne sur la tête [3] :—Enfin, monsieur, lui dit-il, vous pouvez vous faire le plus illustre ou le plus malheureux homme de votre siècle, rendre le bon-

---

[1] Mém. de M. de Guise, liv. IV, p. 453 et suiv. — Lorédan, p. 216.
[2] Lorédan, p. 230 et suiv.
[3] Nicolaï, liv. V, p. 381.

heur à ce malheureux royaume, le repos à toute l'Italie, la paix à cette ville, et trouver pour vous un établissement capable de satisfaire votre ambition, et digne de votre haute naissance. J'ai pouvoir de vous assurer du pape, de tous les cardinaux et de tous les princes de l'Italie, pour garants des paroles que j'ai charge de vous porter. Les Espagnols vous font l'arbitre de tous les différends de ce royaume, et veulent vous avoir l'obligation de la paix. On vous donnera la Sardaigne, et l'on fera une trêve qui vous mette à même de demeurer en armes ici, jusques au moment où toutes choses seront ajustées selon votre desir, et la Sardaigne soumise à vos lois. Que si les Espagnols manquent de parole, vous pourrez revenir avec plus de forces pour assister les peuples de ce royaume; ainsi la sûreté sera tout entière pour vous et pour eux, et pour les Espagnols seuls le risque et le danger[1].

Étoit-ce encore une ruse de ce cabinet qui ne se croyoit obligé de rien tenir de ce qu'il avoit promis[2]? Étoit-ce un dernier et véritable effort

[1] Mémoires de M. de Guise, liv. IV, p. 478 et suiv.
[2] Dépêche mss. en chiffres de M. de Fontenay au cardinal Mazarin, du 16 décembre 1647.

que l'incertitude du succès obligeoit à tenter? Et M. de Guise, armé de son seul courage, et ne subsistant plus dans Naples que par la constance de sa volonté, pouvoit-il inspirer encore à des hommes qui avoient acheté déja la trahison de tous ceux qui l'entouroient, assez de crainte pour qu'ils se crussent obligés de lui proposer un royaume? Les événements qui suivirent feroient croire que ces belles paroles ne renfermoient que des promesses fallacieuses. Mais, au moment où le cardinal eut fini son discours, Henry de Lorraine réfléchit un moment, et puis il répondit :

Que l'échange proposé n'étoit pas de ceux qui s'offroient à un homme comme lui, et dans la position où il se trouvoit; que tout conspiroit à ses vœux, la flotte de France en revenant vers ces parages, la noblesse en se réunissant à sa cause, les provinces par leur soumission, l'armée par son nombre et par son courage; qu'il avoit du blé pour deux ans, du salpêtre et de la poudre pour une longue défense, vingt-cinq mille hommes sous les armes, six cent mille écus à la douane de Foggia, un million d'or en Calabre, que la conquête du royaume s'en alloit achevée; que, non seulement il n'accepteroit point l'échange proposé, mais qu'il se promettoit bien de ne rien laisser aux Espagnols dans la Méditerranée, pas plus la Sardaigne que la Sicile; que rien ne le détacheroit jamais des intérêts de la France; qu'il étoit trop peu intéressé pour se laisser tenter, et que s'il étoit jamais capable de l'être, ce ne seroit assurément pas pour la Sardaigne. — Le cardinal insista. — Monsieur, lui répondit enfin le duc de Guise, je ne renonce jamais quand j'ai fait une entreprise; je n'y puis que mourir, et j'y suis résolu. En venant ici, j'avois pris mon parti de périr ou d'ôter aux Espagnols cette couronne. Les dangers ne m'ont pas manqué plus que la résolution. Les événements sont dans la main de Dieu, mais le courage est en moi. C'est pourquoi il n'en faut pas parler davantage[1]. Le cardinal se retira. Ce n'étoit plus aux ministres de paix à décider cette grande querelle.

Pour lors, le comte d'Ognate, vice-roi nouveau de ces provinces, don Juan d'Autriche, et le conseil supérieur, résolurent de porter les derniers coups. Ils tinrent, au château Saint-Elme, un conseil public dont les délibérations pussent être connues de M. de Guise; ils décidèrent, avec une appa-

---

[1] Mém. de M. de Guise, liv. IV, p. 480, 481, 482.

rence de résolution, que la première entreprise à tenter, seroit la reprise du faubourg de Chiaia et du poste de Piédigrotta, et l'occupation armée du Pausilippe, afin, disoit-on hautement, de se rendre entièrement maîtres du golfe de Baye, et de communiquer librement avec l'île de Nisida qu'on venoit de reprendre, et sous l'abri de laquelle des vaisseaux pourroient trouver un excellent mouillage. M. de Guise en fut aussitôt instruit [1]. Ce qu'il ne sut pas en même temps, c'est qu'on avoit séduit Sebastiano Landi, prêtre et capitaine de la porte d'Albe; Doménico Mellone, mestre-de-camp général, Annèse, Mollo, Vincenzo d'Andréa [2], tous ceux qui, en son absence, commandoient à Naples; et qu'on n'avoit d'autre dessein que de l'éloigner d'une ville où sa présence étoit désormais la seule force de son parti. Ce M. de Guise, disoit le comte d'Ognate, ressemble au chevalier à la lance enchantée, il renverse tout ce qu'il peut atteindre; mais évitez son atteinte, il est vaincu. Henry de Lorraine se prêta lui-même à ce que ses ennemis avoient le plus desiré. Il pensa, et non sans raison, que, puisque l'île de Nisida sembloit aux Espagnols

[1] Mém. de M. de Guise, liv. IV, p. 487 à 489.
[2] Modéne, III.ᵉ part., ch. XXII, p. 318.

un point d'une telle importance, c'étoit l'île de Nisida qu'on devoit leur enlever d'abord. Il disposa tout pour l'attaque dans la première semaine d'avril 1648, envoya du canon à la pointe de Coroglio, commanda pour cette expédition des troupes de choix auxquelles on donna des munitions pour trois jours, écrivit pour Annèse, pour Mollo, pour Andréa, des instructions propres à les diriger pendant sa courte absence, et se promit, après ce nouveau succès, quelques jours de tranquillité, peut-être quelques mois de puissance [1].

De leur côté, les Espagnols avoient commandé cinq cents cavaliers de Naples, deux cents Walons, deux cents fantassins de Flandres, et deux mille soldats Allemands qui avoient leurs armes chargées, et se tenoient prêts à combattre. Ils étoient près de la porte d'Albe, et se glissoient dans les maisons voisines [2].

Au milieu de ces préparatifs, le peuple, toujours incertain dans ses affections, sembloit revenir à M. de Guise, que, peu de jours auparavant,

---

[1] Mém. de M. de Guise, liv. V, p. 491 et suiv.

[2] Relacion del feliz successo que tubo el Seren. sen. d. Juan d'Austria. Racc. II di docum. mss., fol. 227.

il avoit poursuivi de menaces et de cris[1]. Il l'appeloit sans cesse : on eût dit qu'il avoit besoin de le voir. Peut-être lui demandoit-il déja compte de l'avenir! L'avenir alloit s'expliquer.

[1] Lorédan, p. 244 à 258.

CHAPITRE XVI.

Défaite et captivité de M. de Guise.

Avril 1648.

Il y avoit, en ce temps, à Naples, un homme assez savant, assez enthousiaste, astrologue fameux, et dont la réputation s'étendoit en Italie : on l'appeloit Cucurullo. La science qu'il professoit l'avoit fait bien venir, d'abord du baron de Modène, qui se piquoit d'être un peu astrologue lui-même, et, bientôt après, de M. de Guise qui étoit trop passionné pour ne pas avoir besoin de croire à tout ce qui pouvoit être cru [1]. Vers cette époque, ce Cucurullo vint un matin trouver M. de Guise, il s'assit au chevet de son lit; et là, les yeux fixés sur le prince, tenant d'une main une baguette noire, et se jouant de l'autre avec l'épée suspendue aux colonnes dont le lit étoit orné, il lui rap-

---

[1] Dépêche en chiffres de M. de Fontenay au cardinal Mazarin, du 16 décembre 1647.

pela que, peu de jours auparavant, la lune avoit paru environnée d'un anneau noir, assez large, et d'une circonférence telle qu'il paroissoit enfermer et dominer tout le palais. Ce présage, continue-t-il, a été diversement expliqué. Les uns ont dit qu'il s'agissoit de prison pour Votre Altesse Sérénissime; les autres, et vous tout le premier, Monseigneur, que c'étoit l'emblême de la couronne de Naples, obscurcie un moment dans son éclat, mais prête à se placer sur votre tête. Vous en doutiez peut-être en le disant; mais les astres ne laissent aucune incertitude à cet égard. Le quadrat du soleil et de Mars vous menace d'un grand péril; et si le soleil, placé à la dixième demeure dans votre révolution, ne regardoit d'un trine, pendant son exaltation, la lune placée à la première demeure; si Mercure n'avoit un sextil avec Vénus dans la sixième maison de la Mort; et si par conséquent, l'un et l'autre ne vous garantissoient par leur influence, votre vie étoit condamnée. Le soleil et Mercure vous ont préservé de la mort; mais Mars étoit, lors de votre naissance, dans la douzième demeure, qui est celle des prisons; et, avant qu'il soit huit jours, je le vois écrit, vous serez prisonnier. — Monsieur Cucurullo, reprit le duc de Guise, je crois à l'astrologie, cela est vrai ; mais il se rencontre des astrologues qui sont des poltrons; et vous ne prétendez pas, apparemment que, d'après leur parole, je compte sur la prison, comme s'il s'agissoit d'une partie de fête. —Monseigneur, reprit Cucurullo, il en sera ce qu'il vous plaira, quant à vous; mais, quant à moi, je suis homme paisible et d'étude ; je vous viens prier de me donner un passeport pour aller chercher mon repos du côté des Espagnols : c'est là mon goût, s'il vous plaît.—Tiens, maître astrologue, répondit le prince, veux-tu que je te dise? tu en crois plus que la lune ou Mercure ne t'en ont dit, et tu penses qu'il ne se faut pas loger sous les bâtiments qui tombent : aussi bien n'es-tu pas de force à les soutenir. Voilà ton passeport, et adieu. Fais mes compliments à D. Juan d'Autriche, et ne m'oublie pas auprès du comte d'Ognate. L'astrologue partit [1] ; M. de Guise le suivit des yeux avec un sourire où il y avoit, à-la-fois, de la gaieté, de l'orgueil, et du courage.

A peu de temps de là, les préparatifs de l'attaque étant terminés, il sortit de son palais, alla

[1] Mém. de M. de Guise, liv. IV, p. 483 et 484.
Avvisi mss. di Napoli a di 1° aprile 1648.

entendre la messe à l'église des Carmes, faire la révérence au chef de saint Janvier, baiser la fiole où le miracle du sang liquéfié s'opère, et se porta, vers le Pausilippe, en face de l'île de Nisida. On établit sur-le-champ deux batteries aux pointes de Coroglio et de la Gagola. C'étoit le 5 avril 1648. Bientôt le feu commença et mit le désordre dans la garnison. La compagnie françoise des chevau-légers du prince mit pied à terre, se jeta dans des barques, et emporta le lazaret qui sépare l'île de la terre ferme. Dans ce même temps parut au vent une galère que le comte d'Ognate envoyoit pour secourir les assiégés. M. de Guise l'aperçut; et, comme il descendoit dans une de ses propres embarcations pour l'aller combattre, deux messages lui arrivèrent à-la-fois ; l'un de Gennaro Annèse qui le faisoit complimenter, et demandoit jusques à quand dureroit ce petit siège; l'autre d'Agostino Mollo, et qui ne contenoit que ces paroles : Naples vous importe plus qu'un écueil : revenez; on va l'attaquer. — Dans deux heures je serai à la place des Carmes, et j'y serai vainqueur, répondit le prince aux deux envoyés : annoncez-le à mes amis et à mes ennemis.— Il dépêcha le chevalier de Forbin avec les messagers, pour s'assurer de l'état des choses, et continua les attaques. Le chevalier de Forbin fit dire qu'il avoit trouvé tout en bon ordre, que Sébastien Landi et Gennaro Annèse lui avoient paru plus vigilants et plus affectionnés que de coutume. On résolut donc de se porter plus en avant encore. Le duc de Guise coucha dans la batterie, et ses capitaines lui promirent qu'au point du jour il seroit maître de Nisida comme de Naples.

A la pointe du jour, le lundi 6 avril, les François attaquèrent de nouveau Nisida; mais, en ce même instant, les troupes Espagnoles rentroient dans Naples. Au lever du soleil, don Juan d'Autriche accompagné du comte d'Ognate, de don Melchior Borgia, des ducs de Belfort et de Sasso, de Charles de la Gatta, du marquis de l'Olivito, et d'une foule d'autres seigneurs conduits par le duc d'Andria, sortit du château royal, descendit aux églises du Jésus et du Saint-Esprit, entendit la messe et fit ses dévotions, tandis que don Emmanuel Caraffa et don Antonio de Gennaro attaquoient les portes de Constantinople et de Saint-Sébastien qui firent peu de résistance, entroient par la porte d'Albe que Sébastien Landi leur remit dans les mains, et se rendoient maîtres du palais de M. de Guise. Nicolas de Vargas, mestre-de-camp général au service d'Espagne, et don Nicolas de Cardone marchèrent aux lieux où étoient enfermés le duc de Tursi et le prince d'Avellino qu'ils délivrèrent; don Diégue de Portugal et le marquis de Torrécuso s'emparèrent de la vicairie; le prince de la Torella, du marché. Les portes de la vicairie et du marché furent occupées. Sur tous les points de Naples, les Espagnols et leurs bannières reparoissoient à-la-fois; leurs troupes, réunies vers Sant-Aniello, s'avancèrent en bon ordre au centre de la ville. Don Juan d'Autriche, l'épée dans une main, et, dans l'autre, la proclamation du roi d'Espagne qui promettoit satisfaction aux peuples [1], étoit au milieu d'eux, saluant de toutes parts, présentant le nouveau vice-roi que l'on ne connoissoit pas encore, et criant : Vive le roi et le peuple de Naples. Le peuple répondit par mille cris de vive le roi. Don Juan d'Autriche étoit jeune, prince, du sang royal; il avoit naguères défendu que, dans les sorties, on tirât sur le peuple [2]; tous ceux qui le composoient croyoient

---

[1] Bando pubblicato da D. Giovanni d'Anstria a di 21 febraro 1648. Racc. II di docum. mss., fol. 213.

[2] Piacente, liv. V, p 79.

donc lui devoir la vie. Gennaro Annèse lui apporta les clefs du bastion des Carmes; l'élu du peuple vint, pâle et tremblant, se mettre à genoux devant le vice-roi; Matteo d'Amore et quelques autres chefs se firent tuer à leurs postes; partout ailleurs, la soumission fut aussi rapide que la révolte avoit pu l'être; le cardinal Filomarino présenta l'eau bénite au prince et au vice-roi devant la chapelle de saint Janvier; la fiole de la liquéfaction fut élevée à tous les yeux; et le peuple qui avoit rempli l'église, se jetant à genoux, se prosternant dans la poussière, pleurant, s'agitant, se frappant la poitrine, mêla aux cris de vive l'Espagne, vive don Juan d'Autriche, mille cris confus de meure la France, et meure le duc de Guise[1]!

Tandis que Naples rentroit sous l'obéissance de ses rois, Henry de Lorraine, ignorant qu'il étoit

---

[1] Relacion del feliz successo que en la conquista del reyno de Napoli tubo il ser. sen. D. Juan, de Austria. Raccolta di docum. mss., fol. 227 et suiv.

Relatione di Napoli del 8 aprile 1648. Raccolta II di docum. mss., fol. 231 et suiv.

Modène III° part., ch. XXII, p. 321 et suiv.—Mém. de M. de Guise, liv. V. — Piacente, liv. V, p. 140 et suiv.

Nicolaï, liv. V, p. 396 et suiv. — De Santis, liv. IX, p. 460 et suiv.

CHAPITRE XVI.

trahi, traitoit de la soumission de Nisida. Les soldats qui occupoient l'île, avoient capitulé; à six heures du soir, les forts devoient être rendus, et l'on attendoit le moment, lorsqu'un sergent-major du régiment de Landi, arrivant à toute bride, apporta la nouvelle de la reddition de Naples. A cette parole, les soldats interdits s'entreregardèrent; M. de Guise frémit, puis donnant à Doménico Mellone l'ordre de rassembler ses gens et de le suivre, il traversa, au galop, la sombre grotte du Pausilippe, sortit auprès de Piédigrotta, et s'avança rapidement dans Chiaia pour reconnoître, par lui-même, l'état des choses. Là, un de ses officiers, le chevalier des Essarts, le rejoignit, arrivant de Naples à travers le feu de la mousqueterie : Monseigneur, lui dit-il, il n'y a plus rien à faire ici; regagnons Pouzzoles, embarquons-nous sur quelque galère, et souffrez que nous mettions à Rome vos jours en sûreté. — En sûreté! s'écria Henry de Lorraine : des Essarts, je croyois que vous m'aimiez! me parler de fuir, là où il y a peut-être de l'honneur et certainement du danger! Venez, tournons la ville, et rentrons par la porte de Nole. — Il s'élança sur cette route; quelques soldats l'y rejoignirent sous le feu des Espagnols qui l'avoient reconnu et tiroient sur lui au passage. Comme il arrivoit, deux Bohémiennes parurent tout-à-coup devant lui: prison! prison! s'écrièrent-elles; Prince, la porte de Nole et la porte de Capoue sont au pouvoir des ennemis, leurs soldats occupent déja la barrière du faubourg.—Voyons donc si la prédiction s'accomplira tout entière, répondit le duc. Il ordonna que sa petite troupe l'attendît à la croisée du chemin d'Averse; et, remettant son cheval au galop, vint, par la route de Salerne, gagner le pont de la Madeleine. De ce pont l'on aperçoit une partie de la ville; sur ce pont, est la statue de saint Janvier: c'est par là que, cinq mois auparavant, M. de Guise étoit arrivé dans Naples, alors pleine de dévouement et d'espérance. Il s'arrêta au milieu du pont; et laissant tomber la bride sur la tête de son cheval, considéra, d'abord avec avidité, puis avec un sombre découragement, cette ville, siège temporaire de son empire. Au sommet du bastion des Carmes, de l'église du Jésus, de celle du Saint-Esprit, flottoit déja l'étendard aux couleurs Espagnoles. Dans la ville, les marches Espagnoles se faisoient entendre; loin, au bout des rues, on voyoit passer une foule, tumultueuse comme aux jours de fête; dans le port, à la douane, entre les deux môles, les bannières de don Juan d'Autriche reprenoient leur place, et l'on entendoit confusément le bruit des acclamations populaires mêlées au fracas de la mousqueterie. Il faisoit beau, ce jour-là; le ciel étoit pur, l'air léger, la mer tranquille, Naples tout entière sembloit pousser des cris de joie. Henry de Lorraine demeura long-temps en silence, occupé de contempler sa chute. Enfin, à un coup de canon qui se fit entendre, il vit son drapeau tomber du haut de l'église des Carmes, pour faire place au drapeau de l'Espagne, et toutes les cloches s'ébranlèrent à-la-fois comme pour annoncer de solennelles actions de graces. Mon pauvre cheval! dit alors Henry, d'une voix sombre, en caressant le col de son cheval fatigué: il se détourna, ôta son chapeau devant la statue de saint Janvier, regarda encore une fois Naples et ses beaux rivages, et, rejoignant ses gardes, prit, sans rien dire, le chemin d'Averse et de Capoue.

Il avoit alors cent vingt hommes avec lui; à Giugliano, il n'en avoit plus que cinquante; son écuyer l'avoit abandonné, son cornette avoit jeté l'étendard sur la route. Il marcha vers Giugliano, incertain de savoir s'il pourroit le traverser en assurance. Mais on se battoit dans le village. L'officier qui vint le recevoir, lui demanda, sans le connoître, s'il étoit vrai que les Espagnols fussent maîtres de Naples : Pas encore, répondit-il; les troupes populaires ont eu le dessus, et les cloches que vous entendez sonnent en réjouissance. — Où donc allez-vous? lui dit l'officier d'un air soupçonneux; — A Capoue qui se doit rendre en mes mains; mais je ne voudrois point entrer dans Averse; enseignez-moi, sur un autre point, un pont où je puisse passer la rivière. — On lui donna un guide, et il repartit. A quelques pas de là, un paysan le reconnut et en porta la nouvelle au gouverneur d'Averse. Ce gouverneur étoit Pépe Palombo, le compagnon de Mazaniel, l'aide-de-camp général de M. de Guise, le plus ancien des chefs populaires. Pépe Palombo n'hésita pas un instant à le trahir, et dépêcha quatre cavaliers pour annoncer au gouverneur de Capoue que M. de Guise fuyoit, et qu'il pouvoit facilement s'emparer de lui. Heureusement, ces quatre hommes suivirent la grande route. Le duc les aperçut, les rejoignit promptement et, renversant tout d'un coup l'officier tandis que ses gens s'emparoient des autres, il les fit attacher près d'un arbre, et poursuivit, en toute hâte, sa route qui devenoit, à chaque instant, plus périlleuse. Son intention, pour lors, étoit de passer le Vulturne, de gagner les montagnes par Caïsso, de se jeter dans les Abbruzzes, et d'y soutenir la guerre.

Mais les passages du Vulturne étoient occupés déja. La cavalerie de Capoue battoit la campagne vers Caserte. Sainte-Marie de Capoue ne pouvoit offrir ni asile, ni passage. M. de Guise ramassa deux compagnies de cavalerie qui s'y trouvoient sous le commandement du baron de Malet, et résolut d'aller, sur la droite, passer un bac situé sur le Vulturne, non loin de Caïasso. La moitié de ses soldats l'abandonna encore. Il vit venir à lui un escadron de cavalerie Napolitaine dont les officiers, en protestant de leur obéissance, cherchoient à lui barrer le chemin; et, derrière lui, au moment où le passage de la colline et du défilé de Marano ralléntissoient la marche de sa petite troupe, il entendit le pas et le cri de trois escadrons de cavalerie Espagnole qui arrivoient à toute bride. A l'ennemi, dit-il! il jeta son manteau, fit volte-face, et se précipitant presque seul au milieu de ces escadrons, il les rompit par l'impétuosité de son attaque, puis revint prendre la tête de ses gens.

Trois fois de suite, la même manœuvre fut couronnée du même succès; déja, l'on approchoit d'un rideau de bois, derrière lequel commencent les marais du Vulturne où la cavalerie Espagnole n'auroit pu pénétrer. Les soldats de M. de Guise s'y jetèrent; et lui, pour assurer une dernière fois leur marche, abandonna la bride de son cheval, prit son épée dans ses dents, ses pistolets dans ses mains, poussa aux ennemis, tua deux soldats de deux coups de pistolet, un officier d'un coup d'épée, reçut toute leur décharge, et se retira dans le bois à la suite de ses gens. Mais le tocsin sonnoit de toutes parts; dans les villages les habitants prenoient les armes; l'infanterie Espagnole s'étoit jetée au long des marais: un feu terrible accueillit les François à la sortie du bois, le baron de Malet tomba sous son cheval, M. de Guise, qui le devançoit, revint le chercher sous le feu ennemi, le dégagea, voulut le relever, et ne l'abandonna que lorsqu'il le crut mort. Pendant ce court instant, don Diègue de Cordoue lui blessa son cheval d'un coup de carabine, celui du baron de Rouvrou eut les reins cassés, celui du chevalier des Essarts tomba. M. de Guise n'avoit plus que vingt gentilshommes avec lui. Prince, s'écria le marquis de Chaban, gagnez ce défilé devant nous, prenez un cheval, sauvez-vous; la Visseclette et moi nous nous ferons tuer à l'entrée du ravin, et vous pourrez passer le fleuve. Mon ami, répondit Henry de Lorraine, la mort vaut mieux que ta perte. —Comme il disoit, un nouveau coup de feu jeta son cheval à terre; François Visconti, lieutenant des cuirassiers de Cordoue, lui tira, presque à bout portant, un coup de carabine, et l'un des paysans un coup de mousquet, dont ils le manquèrent: une foule de soldats et de paysans se jetèrent à-la-fois sur lui: Rendez-vous, rendez-vous, Prince, s'écrièrent-ils tous ensemble. —Henry de Lorraine étoit à pied, presque seul, abandonné de ses gens qui avoient pris la fuite, sans pistolets, sans cuirasse; il regarda autour de lui s'il verroit un officier; don Carle de Falco et don Ferdinand de Montalvo arrivèrent, il leur remit à chacun une partie de son aiguillette aux couleurs de mademoiselle de Pons, et se rendit à eux[1].

Naples étoit soumise : les chefs populaires

---

[1] Mém. de M. de Guise, liv. V, p. 5o1 à 515. — De Santis, liv. IX, p. 468 et 469. — Modène, IIIe part., ch. XXIII, p. 331 et suiv. — Lorédan, p. 259 et suiv. — Piacente, liv. V, p. 143 et suiv.

avoient acheté, d'un haut prix, le honteux pardon auquel ils n'osèrent jamais se confier. On délibéra sur ce qu'il falloit faire de M. de Guise. Les vieux ministres Espagnols, les membres du conseil collatéral, le comte d'Ognate lui-même, opinèrent pour la mort, et soutinrent leur avis des nombreux exemples que fournissoit l'histoire de cette époque. Le duc de Tursi et don Juan d'Autriche s'y opposèrent, l'un par reconnoissance, l'autre par ce sentiment indéfinissable d'honneur auquel un noble cœur n'est jamais trompé[1]. L'on résolut de tenir M. de Guise en prison dans le château de Gaëte, jusqu'à ce qu'on pût le transporter en Espagne. Cette prison fut curieuse dans sa recherche. En donnant un lit au prince, on lui dit que c'étoit celui où avoit couché le dernier prisonnier condamné à mort. Il demanda un livre de religion : on lui donna la préparation à bien mourir; un livre d'histoire, ce fut le récit du supplice de Conradin[2]. Monseigneur, lui disoit Desmarets, son aumônier, il n'y a rien tel que d'achever les choses, et ces

---

[1] Mém. de M. de Guise, liv. V, p. 528 et suiv. — Modéne, III° part., ch. xxiii, p. 334 et suiv.

Giannone, liv. XXXVII, ch. iv, p. 529.

[2] Mém. de M. de Guise, liv. V, p. 552 et suiv.

CHAPITRE XVI. 309

gens-ci ne nous épargneront point parceque vous les avez trop épargnés[1].

Cependant, la cour de France prit parti dans cette affaire. Si l'on reporte, quelque jour, la vue sur tout ce que j'ai écrit en cette matière, mandoit Mazarin au marquis de Fontenay, on connoîtra que je n'ai eu aucun tort depuis le commencement jusques à la fin, et que je n'ai point été mauvais prophète[2]; mais il faut que le pape écrive pour demander la liberté de M. de Guise, il faut porter le peuple de Naples à prétendre son élargissement; Monsieur, dont M. de Guise a l'honneur d'être beau-frère, sollicite vivement la chose; le roi l'a promise[3], et il en écrit aux ministres d'Espagne comme il convient que fasse le roi de France. — Ces mêmes dépêches annonçoient que le roi donnoit une pension de 600 écus à Lorenzo Tonti, et une gratification pour Agostino di Lieto[4]. Quant à Gennaro Annèse, ajoutoit le cardinal, il est devenu si odieux au

---

[1] Mém. de M. de Guise, liv. V, p. 543 et suiv.
[2] Dépêche du card. Mazarin à M. de Fontenay, du 28 avril 1648.
[3] Dépêche du card. Mazarin à M. de Fontenay, du 3 mai 1648.
Dépêche de M. le card. Mazarin à M. de Fontenay, du 30 juin 1648.
[4] Dépêche de M. le card. Mazarin à M. de Fontenay, du 23 août 1648.

peuple qu'on le doit abandonner¹.—Les Espagnols avoient promis à cet Annèse un pardon solennel : trois mois après, une flotte Françoise parut devant Naples, et la tête d'Annèse roula sur la place du marché des Carmes, là où il avoit médité la perte de Mazaniel, là où il avoit frappé François de Toralto, là où il avoit trahi M. de Guise².

Un peu avant cette époque, vers la fin du mois de mai, le jour de l'Ascension, une galère, commandée par Jean-André de Brignole, sortit du port de Gaëte, au bruit du canon, et passa devant Naples qui, tranquille et pacifiée, ne s'occupoit alors que de réjouissances et de fêtes. Les batteries du môle et du château de l'OEuf la saluèrent au passage, et le château de Saint-Elme répondit. Cette galère portoit les banderolles de Philippe III, et elle conduisoit captif, en Espagne, Henry de Lorraine duc de Guise³.

---

¹ Dépêche du card. Mazarin à M. de Fontenay, du 15 mai 1648.
² Nicolaï, liv. V, p. 415 et 416—Modène, IIIᵉ part. ch. XXII, p. 340.
³ Mémoires de M. de Guise, liv. V, p. 580.

CHAPITRE XVII.

Un carrousel en 1662.

Le temps marcha cependant. A treize années de là, beaucoup des acteurs de ces grandes scènes avoient cessé de vivre : don Juan d'Autriche n'étoit plus; le cardinal Mazarin étoit descendu dans la tombe; Anne d'Autriche vieillissoit: réservé pour de plus tranquilles destinées, Henry de Guise, enfin délivré, avoit repassé les Pyrénées et revu la France; mais là, des générations nouvelles, pleines des mêmes illusions, du même espoir, du même sentiment de leur force, venoient prendre possession du monde qui sembloit leur appartenir. Ces femmes si charmantes, ces hommes si aimables, ornement et embarras de la régence, avoient reçu des années un autre caractère. Madame de Chevreuse étoit dévote sans en être pourtant plus paisible; madame de Montbazon ne donnoit plus l'idée de cette éclatante beauté qui avoit triomphé de tout ce qu'il y avoit de généreux ou de grand à la cour; M. de La Rochefoucault écrivoit ses maximes; le Coadjuteur qui n'étoit plus archevêque, et qui étoit cardinal, arrivoit de Rome avec la haine des intrigues et la volonté de payer ses dettes; et madame de Longueville se faisoit adresser la gazette en vers de Loret. Anne de Gonzague, alors la princesse Palatine, avoit reporté vers Dieu cet amour égaré devenu de la religion dans son cœur; mademoiselle de Pons, perdue par son ingratitude et punie de ses seules fautes, avoit quitté Paris et la France pour aller en Flandre chercher des aventures qui l'avoient enfin ramenée dans un couvent; Monsieur venoit d'épouser la princesse d'Angleterre; et le roi qui déja sentoit l'amour et comprenoit la gloire [1], préparoit pour l'un et pour l'autre, et sa cour et peut-être la France.

Dans cette cour dont Anne d'Autriche régloit les habitudes, Colbert la magnificence, et Louis XIV la politesse, une foule de jeunes femmes charmantes se pressoient, destinées qu'elles étoient à en faire la gloire. Auprès de madame de La Meil-

---

[1] Saint-Simon, Mém., tom. I, p. 8.

leraye et de madame la comtesse de Soissons, jadis pauvres nièces de Mazarin, que l'on admiroit alors autant qu'on les avoit raillées naguères; madame de Sévigné, jeune et nouvellement mère, laissoit apercevoir la féconde variété de cet esprit, d'autant plus naturel qu'il n'étoit pas encore célèbre; madame Henriette d'Angleterre, plus enfant que princesse, mais environnée, à seize ans, de la grace indéfinissable dont elle eût, sans madame de La Vallière, été le seul et le plus charmant modèle, rendoit à la cour un peu de la gaieté dont l'auroit privée le caractère timide et sérieux de la reine; le roi montroit une sorte de goût pour madame Henriette : la naïveté vive et piquante de son esprit, le naturel, et, si l'on peut emprunter ce mot, l'étrangeté de ses manières, lui sembloient un charme de plus. Monsieur étoit aimable et spirituel; il aimoit son frère; la reine-mère jouissoit de leur union, la France étoit tranquille, et ce n'étoit à Fontainebleau comme à Paris que jeux, que promenades, que banquets où le prince de Condé servoit le roi en qualité de grand-maître, où M. de Beaufort présentoit la serviette, où M. de Guise ordonnoit, comme grand chambellan, les repas et fêtes[1]. Qui eût entendu ces noms, eût eu peine à reconnoître, dans des hommes si pleins de déférence, le prince qui avoit amené les Espagnols au cœur de la France, celui qui s'étoit trouvé l'arbitre des guerres de Paris, ou celui qui avoit soumis Naples à sa puissance.

Mais déja mademoiselle de La Vallière avoit paru à la cour, mademoiselle de La Vallière que tous les hommes regrettent, et que toutes les femmes envient. Elle aima Louis XIV et fut aimée du roi. Dès-lors, les fêtes, les bals, les courses, n'eurent plus qu'elle pour objet. C'est alors que Benserade proposoit de donner pour devise au jeune roi une bombe traversant le ciel pendant la nuit, avec ces mots : Je sais où je l'adresse. Madame Henriette en eut quelque jalousie peut-être; mais qui eût pu rester long-temps l'ennemi de mademoiselle de La Vallière?

Au nombre des divertissements le plus en usage à cette époque, étoient les carrousels, imités des mœurs chevaleresques, empruntés aux mœurs Espagnoles, et qui donnoient, à une jeunesse élégante et magnifique, tant de moyens de développer son adresse et sa grace. Rien n'étoit

[1] Motteville, tom. V, p. 184 et suiv.

plus conforme aux habitudes, encore un peu guerrières et déjà plus galantes des jeunes hommes, rien ne plaisoit plus à l'imagination des jeunes femmes. Les tournois, condamnés jadis par l'église, et repoussés de France depuis la mort de Henri II, avoient fait place aux carrousels et aux courses de bague; c'est afin de briller dans une de ces fêtes que Bassompierre, ne possédant que 1,200 écus pour toute fortune, s'étoit fait broder un habit de 4,000 pistoles. Henri IV ne couroit point, parcequ'il étoit arrivé au trône dans un âge avancé; mais Louis XIII avoit plus d'une fois paru dans des fêtes de ce genre. Louis XIV en ordonna une magnifique au mois de juin 1662. Il voulut que tout y fût digne de celle qu'il ne nommoit pas; et celle qu'il ne nommoit pas vit, dans cette fête, seulement une preuve de plus qu'elle étoit aimée.

Au jour indiqué, c'étoit le 5 juin,

> Cette espèce de carrousel,
> Digne d'un los universel,
> Et qui causoit, comme je pense,
> Dans Paris, grande impatience [1],

---

[1] Loret, Muse hist., liv. XIII. Lett. illustre de 10 juin 1662, tom. II, p. 85.

eut lieu dans l'espace enfermé entre la grande galerie du Louvre, les bâtiments nouvellement construits alors et qu'on nommoit la salle des ballets, et la façade du pavillon des Tuileries, aux fenêtres duquel on avoit dressé pour les reines un échafaud magnifique. Le maréchal duc de Gramont, *l'honneur de la cour de son maître*[1], faisoit, dans cette fête, les fonctions de mestre-de-camp général et de juge des courses. Le roi, Monsieur, M. le prince de Condé, M. le duc d'Enghien, M. le duc de Guise, conduisoient les cinq quadrilles dont les *aventuriers*, pour emprunter l'expression alors consacrée, devoient courir les têtes et disputer le prix. Le comte de Noailles, capitaine des gardes du corps; le marquis de Vardes, capitaine des suisses, étoient maréchaux de camp du roi et de Monsieur. M. le Prince avoit pour maréchal de camp le duc de Luxembourg; M. le duc d'Enghien avoit pris le général Coquet, officier de fortune, comme il y en avoit beaucoup sous Louis XIV; et quant à M. de Guise, il s'étoit bien donné de garde d'hésiter, et avoit choisi le chevalier de Gramont. Ces cinq quadrilles pa-

---

[1] Hamilton, Mém. du chev. de Gramont, ch. VI, p. 111.

rurent, tour-à-tour, dans la lice, couverts d'armures éclatantes, avec des chevaux magnifiques et de nombreuses suites d'écuyers et de pages. Le roi conduisoit les Romains; Monsieur, les Persans; M. le Prince, les Turcs; M. le Duc, les Indiens; et M. de Guise, les sauvages de l'Amérique. Il y avoit trente-deux voltes à faire et seize têtes à prendre; mais ce n'étoit point mademoiselle de La Vallière qui donnoit le prix; le roi laissa tomber son dard, et le marquis de Bellefonds remporta l'avantage. Après la course, les quadrilles se rejoignirent, et vinrent passer devant le balcon des reines [1]. Le roi paroissoit seul à la tête de ses Romains; Monsieur et M. le duc d'Enghien suivoient sur la même ligne; et, derrière eux, marchoient, contemporains d'âge, autrefois rivaux, maintenant amis, pleins de grace l'un et l'autre, et tous deux remarquables encore par leur grand air et leur noble figure, M. le duc de Guise et M. le

---

[1] Perrault, Courses de têtes et de bagues faites par le roi, en 1662, p. 2 et suiv.

Gazette de France de 1662, p. 557 et suiv.

Loret, Muse historique, 1°. c°., p. 85 et suiv.

OEuvre d'Isaac Sylvestre, carton n° . Cabinet des estampes de la biblioth. roy.

prince de Condé. Le cardinal de Retz étoit sur le balcon des reines: Les voyez-vous ensemble? dit-il: Ce sont les héros de la fable et de l'histoire [1]!

[1] Desormeaux, Hist. de la maison de Condé, t. IV, liv. VIII, p. 201.

TABLE.

Chapitre I. Introduction.	1
II. Situation politique de Naples.	4
III. Commencements du xviie siècle.	16
IV. Henry de Lorraine, duc de Guise.	29
V. Préliminaires de la révolution de Naples.	52
VI. Mazaniel (mai et juin 1647).	61
VII. Dix jours de révolution (juillet 1647).	71
VIII. Négociations (août 1647).	123
IX. Correspondance (septembre, octobre 1647).	140
X. Voyage (novembre 1647).	165
XI. Le duc de Guise à Naples (nov., déc. 1647).	175
XII. Établissement du duché de Naples (décembre 1647).	209
XIII. Mademoiselle de Pons et la cour de France (novembre 1647 à janvier 1648).	238
XIV. Lettres et dépêches (janv. et févr. 1648).	252
XV. Décadence (mars 1648).	272
XVI. Défaite et captivité de M. de Guise (avril 1648).	294
XVII. Un carrousel en 1662.	311

www.ingramcontent.com/pod-product-compliance
Lightning Source LLC
Chambersburg PA
CBHW070629160426
43194CB00009B/1408